COLEÇÃO
Eu gosto m@is

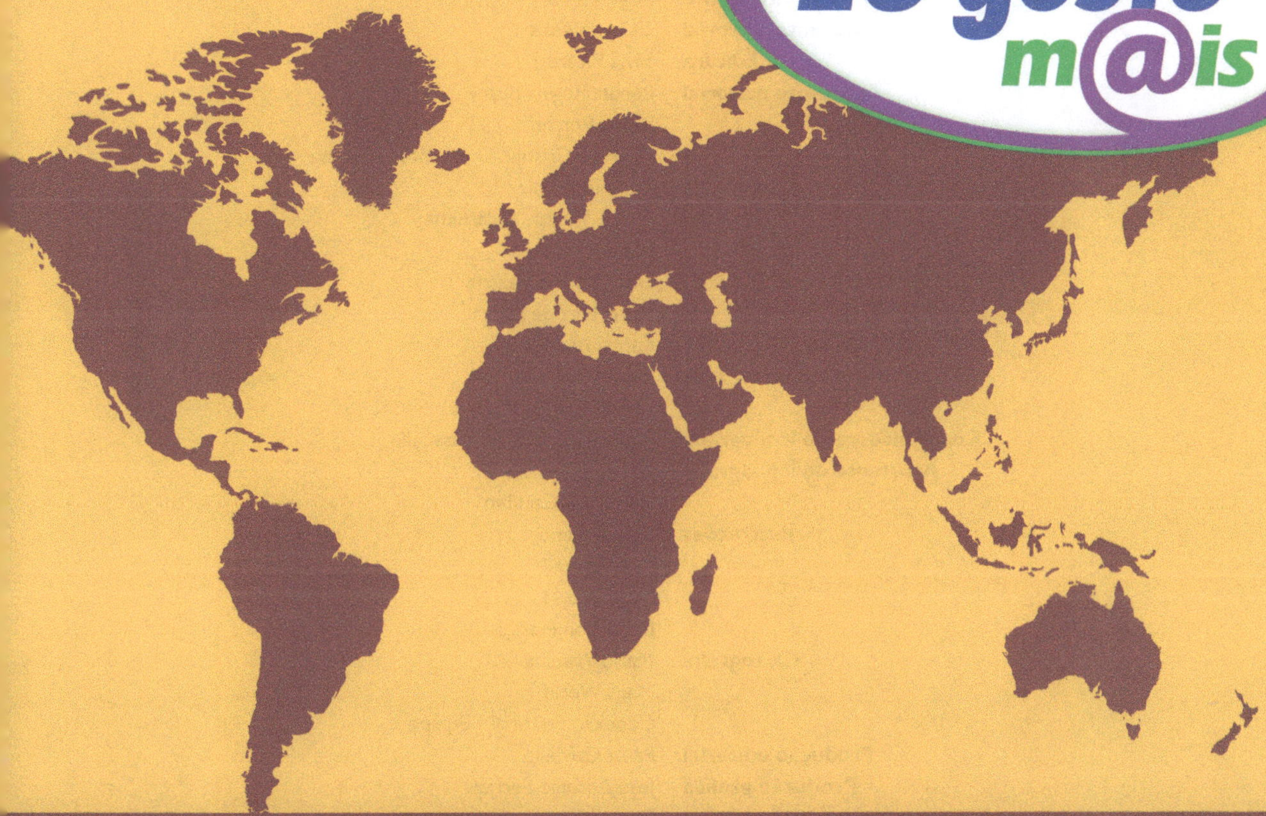

ENSINO FUNDAMENTAL

GEOGRAFIA

6º ano

1ª EDIÇÃO
SÃO PAULO
2012

IBEP

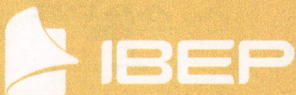

Coleção Eu Gosto Mais
Geografia – 6º ano
© IBEP, 2012

Diretor superintendente	Jorge Yunes
Gerente editorial	Célia de Assis
Editora	Silvia Ricardo
Assistente editorial	Renata Regina Buset
	Felipe Roman
	Gabriele Cristine Dos Santos Barbosa
Texto-base	Amarildo Diniz
Revisão	André Tadashi Odashima
	Berenice Baeder
	Luiz Gustavo Bazana
	Maria Inez de Souza
Coordenadora de arte	Karina Monteiro
Assistente de arte	Marilia Vilela
	Tomás Troppmair
Coordenadora de iconografia	Maria do Céu Pires Passuello
Assistente de iconografia	Adriana Correia
	Wilson de Castilho
Ilustrações	Daniel Ramos
	Luís Moura
	Maps World
	Dawidson França
Cartografia	Mario Yoshida
	Maps World
	Conexão Editorial - Equipe
Produção editorial	Paula Calviello
Produção gráfica	José Antonio Ferraz
Assistente de produção gráfica	Eliane M. M. Ferreira
Projeto gráfico e capa	Departamento Arte Ibep
Editoração eletrônica	Conexão Editorial - Equipe

CIP-BRASIL. CATALOGAÇÃO-NA-FONTE
SINDICATO NACIONAL DOS EDITORES DE LIVROS, RJ

D61g

Diniz, Amarildo
   Geografia, 6º ano / Amarildo Diniz. - 1.ed. - São Paulo : IBEP, 2012.
        il. ; 28 cm   (Eu gosto mais)

   ISBN 978-85-342-3436-8 (aluno) - 978-85-342-3440-5 (mestre)

   1. Geografia - Estudo e ensino (Ensino fundamental). I. Título. II. Série.

12-6435.   CDD: 372.891
                CDU: 373.3.016:9

05.09.12   19.09.12   038842

1ª edição – São Paulo – 2012
Todos os direitos reservados

Av. Alexandre Mackenzie, 619 - Jaguaré
São Paulo - SP - 05322-000 - Brasil - Tel.: (11) 2799-7799
www.editoraibep.com.br   editoras@ibep-nacional.com.br
CTP, Impressão e Acabamento PSI7

Apresentação

Estudar Geografia nos possibilita compreender o espaço em que vivemos e perceber as transformações que ocorrem ao nosso redor.

O conhecimento geográfico é importante para a formação e o desenvolvimento de uma sociedade melhor!

Nesta coleção, você estudará o espaço geográfico, suas características físicas, socioeconômicas e culturais. Vai estudar também as intervenções que a sociedade exerce sobre a natureza e como as nossas atitudes podem influenciar o lugar onde vivemos.

Bom estudo!

Sumário

Capítulo 1 – Lugar e paisagem 9

A Geografia dos lugares 10
    Os lugares e suas funções 10
    Os lugares e seus elementos 10
    Os lugares e suas regras 11
    Os lugares dependem dos outros lugares 11
        Atividades 12

Paisagem com predominância de elementos naturais 16
    Paisagem rural 16
    Paisagem urbana 17
    A paisagem muda com o tempo 17
        Atividades 20

Capítulo 2 – Território e espaço geográfico 26

A noção de território 27
    Atividades 28
    Os países 29
    Atividades 30
    Os estados 30
    Os municípios 31

O espaço geográfico 33
    Atividades 34

Capítulo 3 – Sociedade e natureza: o espaço do desequilíbrio e do desenvolvimento sustentável 36

Relações entre os elementos da natureza 37
Recursos naturais renováveis e não renováveis 38
    Reciclagem 40
    Atividades 41

Capítulo 4 – Conhecimentos básicos de orientação ... 47

Orientação pelo Sol ... 48

Pontos cardeais e colaterais ... 48

   Os pontos cardeais ... 48

      Atividades ... 50

Orientação nos mapas ... 52

      Atividades ... 53

Coordenadas geográficas ... 54

   Paralelos e latitude ... 54

   Meridianos e longitude ... 54

      Atividades ... 56

   Movimentos da Terra ... 57

   Rotação ... 57

   Fusos horários ... 57

      Atividades ... 58

   Translação ... 59

      Atividades ... 60

Capítulo 5 – Mapas: a representação do espaço ... 61

A importância dos mapas ... 62

A história dos mapas ... 62

   Mapa pré-histórico ... 62

   Do renascimento ao imperialismo europeu ... 63

      Atividades ... 64

Perspectiva aérea vertical ... 65

   Título ... 65

   Símbolos, legenda e fonte ... 66

   Escala ... 67

Plantas 69

Maquetes 69

Atividades 70

Projeções cartográficas 73

Qualidades e distorções das projeções 73

Atividades 75

Mapas temáticos 76

Atividades 77

Gráficos 79

Atividades 80

Capítulo 6 – Imagens de satélite, fotos aéreas e imagens de radar 84

O avanço da tecnologia 85

O GPS 85

Fotografias aéreas 86

Atividades 86

Imagens de radar 87

Imagens de satélite 87

Atividades 90

Capítulo 7 – A sociedade e a atmosfera 94

Tempo e clima 95

Temperatura e latitude 95

Atividades 96

Estações do ano 97

Temperatura e altitude 98

Tipos de precipitação 98

Os tipos de chuva 99

Atividades 100

As massas de ar 101

Frentes frias e seus efeitos 101
Tipos de clima do Brasil 102
    Atividades 108
Sociedade e mudanças climáticas 111
    Poluição do ar e inversão térmica 111
    Chuva ácida 112
    Aquecimento global 112
    Atividades 116

Capítulo 8 – A sociedade e a hidrosfera 121

A importância e a degradação da água 122
As bacias hidrográficas do Brasil 122
    As bacias principais 123
    Atividades 125
Impactos sociais e ambientais da construção de hidrelétricas 126
Aquíferos: importância da água subterrânea 128
Enchentes 130
Água, crescimento desordenado das cidades e poluição 130
    Atividades 131

Capítulo 9 – Sociedade, relevo e solo 136

Como se forma o relevo da superfície terrestre? 137
    As forças internas 137
    Tsunami: causas e consequências 137
    As dobras 140
    As falhas 140
    As forças externas 141
    Atividades 142
O que é planalto, planície e depressão? 144

O relevo do Brasil 144

    O relevo brasileiro através de imagens de radar e fotos 145

    Atividades 149

A importância do solo 152

    A "terra roxa" 153

    O aumento da erosão 153

    Os deslizamentos de terra 154

    Atividades 155

Capítulo 10 – A sociedade e a biosfera 160

A distribuição geográfica das plantas e dos animais 161

Os biomas 161

    Principais biomas do mundo 162

As regiões naturais do Brasil 164

    Amazônia: o domínio das terras baixas equatoriais 164

    Mata Atlântica: o domínio dos mares de morros tropicais 165

    Araucária: o domínio dos planaltos subtropicais 166

    Pradaria: o domínio das coxilhas subtropicais 166

    Cerrado: o domínio dos planaltos tropicais com chapadas 167

    Caatinga: o domínio das depressões semiáridas 168

    Atividades 171

Sociedade e impacto na biosfera 177

    Desmatamento e suas consequências 178

Biodiversidade e economia 178

    O que é biopirataria? 179

    A vegetação e a fauna das cidades 179

    A desertificação 180

    Atividades 181

Capítulo 1
LUGAR E PAISAGEM

Estabelecemos sempre algum tipo de relação com o lugar onde vivemos que varia conforme a percepção e experiência de vida de cada pessoa.

Essa relação é estabelecida por se tratar do lugar onde realizamos as nossas atividades do dia a dia, que adequamos para atender às nossas necessidades.

Assim, a sociedade modifica a natureza através do trabalho e das atividades econômicas. Entre as diferentes atividades econômicas, temos a produção industrial, o comércio, a agricultura, a geração de energia, a extração dos recursos minerais, os meios de transporte, as telecomunicações e as atividades culturais.

Praia de Pipa em Tibau do Sul, no Rio Grande do Norte, 2012.

A Geografia dos lugares

Se um amigo perguntasse a você "onde você mora?". Provavelmente você responderia: em minha casa. Porém, como é que você sabe que é a sua casa e não qualquer outra? Simples, você possivelmente iria responder que sua casa seria diferente das outras porque apresenta algumas características próprias. Isto é, apesar de ter características comuns a muitas casas, sua casa apresentaria uma identidade própria, como a disposição dos móveis, o tipo de decoração e o modo as pessoas utilizam cada cômodo.

Casa de classe média, em Canela, no Rio Grande do Sul.

Dessa maneira, podemos concluir que, independentemente do seu tamanho, os lugares apresentam semelhanças e diferenças em relação aos outros. Na verdade, eles apresentam uma identidade que os torna especiais. Essa identidade é formada por um conjunto de características como: nome, localização, elementos, função e comportamentos.

Os lugares e suas funções

Os lugares podem apresentar uma ou diversas funções que são definidas pelas relações entre as pessoas que utilizam esse espaço. Por exemplo, sua casa está dividida em cômodos e cada um possui uma função específica. Em um parque de diversões, a função principal é o lazer. Numa escola, as funções dominantes são o ensino e o aprendizado.

Os lugares e seus elementos

Os lugares apresentam um conjunto de elementos geográficos cuja organização varia de acordo com sua função. Em um supermercado, por exemplo, o espaço está organizado para que as pessoas escolham as mercadorias. Para facilitar a vida do consumidor, cada corredor do supermercado apresenta um tipo de produto. Desse modo, os alimentos estão separados dos produtos de limpeza e de higiene.

Os lugares e suas regras

Os lugares possuem regras que devem ser cumpridas e que não deveriam ser desrespeitadas. Os diferentes lugares influenciam suas atitudes e comportamentos e você costuma mudar de comportamento conforme o lugar em que se encontra.

Na escola, por exemplo, o seu comportamento é diferente daquele que você tem em um parque de diversões, há horários que precisa necessariamente obedecer, obrigações a cumprir, roupa adequada, entre outras coisas.

No parque de diversão as normas de comportamento e as regras estabelecidas são outras, diferentes daquelas estabelecidas na escola.

Os lugares dependem dos outros lugares

As pessoas e os lugares também se relacionam e apresentam interdependência, isto é, dependem uns dos outros para funcionar. Sua escola, por exemplo, depende do diretor, dos professores, dos alunos, dos secretários e dos serventes. O que seria da biblioteca da escola sem as editoras e autores que produzem os livros? O que seria de sua sala de aula sem as carteiras produzidas pela indústria de móveis?

Na verdade, no mundo atual, para cada lugar funcionar é necessário que ele estabeleça uma rede de relações com outros lugares. Esses outros lugares podem se localizar na mesma cidade, em outros municípios, em outros estados ou até em países distantes. As mercadorias que você encontra em um supermercado são produzidas por indústrias dos mais variados lugares do país ou até de outras nações.

Você sabia?

Muitas vezes, não nos damos conta que nossas vidas estão conectadas a inúmeros lugares e pessoas. No exemplo ao lado, quando saboreamos um prato de macarrão, perceba que nos relacionamos com diversos lugares. Perceba que a Geografia do Brasil e do mundo está presente em todos os lugares.

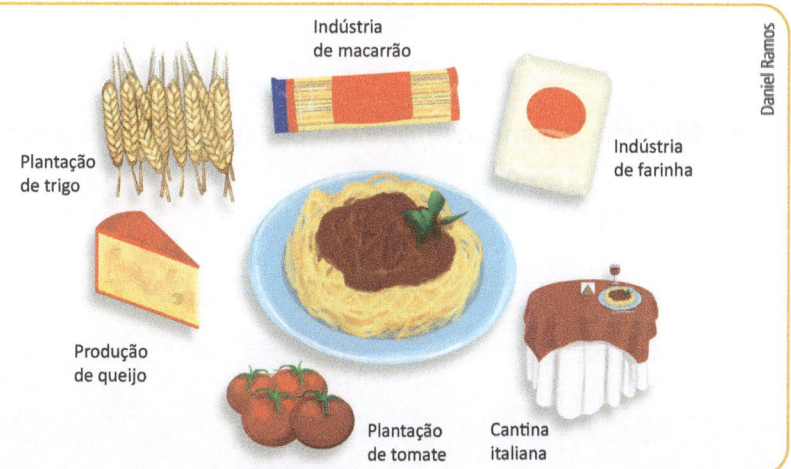

ATIVIDADES

1 Os lugares existentes no mundo são iguais? Justifique.

_____
_____
_____
_____
_____

2 Escolha um determinado lugar que você conhece e responda:

a) Qual é o nome do lugar escolhido?

_____

b) Qual é a localização do lugar?

_____
_____

c) Qual é a principal função do lugar?

_____
_____

d) Descreva a forma e os elementos geográficos do lugar.

_____
_____
_____
_____

e) Mencione algumas normas e comportamentos exigidos das pessoas que frequentam esse lugar.

_____
_____
_____
_____

3 Os lugares e as pessoas possuem relações com outros lugares e pessoas. Selecione um lugar que você frequenta e descreva as relações desse lugar com outros lugares.

_____
_____
_____
_____
_____
_____
_____
_____

4 Elabore um texto relacionando a lista de lugares com a lista de funções a seguir.

Lista de lugares	Lista de funções
papelaria	saúde
conjunto habitacional	educação
faculdade	comércio
hospital	moradia
parque de diversões	lazer

_____
_____
_____
_____
_____
_____
_____
_____
_____

5 Lembrando que o comportamento das pessoas muda conforme o lugar que frequentam, relacione os modos de vestir e os comportamentos com os lugares a seguir.

Diferentes formas de se vestir

A B C D

Diferentes lugares

_____
_____
_____
_____
_____
_____
_____

6 Quais são as relações entre os lugares representados pelas imagens a seguir?

Plantação de cana-de-açúcar.

Posto de combustíveis.

Avenida com veículos.

Paisagem com predominância de elementos naturais

No mundo atual, existem diferentes paisagens. Em algumas delas, podemos observar a predominância de elementos da primeira natureza, como as formas do relevo, os rios, a vegetação, os animais e a atmosfera. Nesse tipo de paisagem, por vezes, não é perceptível à ação humana.

Mata Atlântica no Rio Jaguareguava, Bertioga (SP).

Porém, até nessas paisagens, a mão do ser humano já fez interferências, mesmo que pequenas. Hoje, sabe-se que nas florestas aparentemente intactas, como a Amazônica, e na mata Atlântica, ao longo de milhares de anos, povos indígenas interferiram na distribuição de alguns vegetais e até na fisionomia da vegetação. Portanto, praticamente não existe lugar neste planeta que não tenha tido modificação direta ou indireta das atividades humanas.

Paisagem rural

Existem paisagens com prevalência dos elementos geográficos artificiais produzidos pela humanidade. São paisagens que constituem uma segunda natureza, ou seja, composta por elementos naturais e artificiais.

Numa paisagem rural, podemos observar diversas formas produzidas pelo ser humano. São exemplos os cultivos agrícolas, as pastagens destinadas à criação de animais, as cercas, a casa do proprietário das terras e as casas. A paisagem rural também pode apresentar vários elementos remanescentes da primeira natureza, a exemplo de rios e vegetação remanescente. Nas áreas rurais, desenvolvem-se várias atividades econômicas que integram o setor primário da economia como a agricultura, a pecuária e a silvicultura.

Zona rural de São Luis do Paraitinga (SP).

Paisagem urbana

A **paisagem urbana** é a que apresenta maior densidade de elementos geográficos produzidos pela humanidade. Nela, a maioria dos elementos naturais já foi substituída por formas e objetos artificiais. O relevo e o solo foram modificados para dar lugar às avenidas, residências e edifícios.

Praia de Boa Viagem em Recife (PE).

Em algumas cidades, os rios foram canalizados e seus cursos retificados. A maioria da vegetação natural foi removida e os animais foram eliminados ou fugiram para outras áreas. As áreas verdes, como as praças, foram plantadas pela sociedade. Geralmente nas metrópoles, o ar é poluído e a poluição sonora (ruído) é muito maior do que nas áreas rurais.

Na paisagem urbana, podemos observar a realização de diversas atividades econômicas. Trata-se do lugar em que se realizam as atividades industriais, ou seja, do setor secundário da economia. São desenvolvidas atividades do setor terciário como o comércio, bancos e serviços, a exemplo de hospitais e escolas.

No Brasil, a maior parte da população vive em pequenas, médias e grandes cidades. Como o país é caracterizado por diferenças sociais, especialmente entre os mais ricos e os trabalhadores mais pobres, as cidades concentram graves problemas sociais e ambientais.

A paisagem muda com o tempo

Todas as paisagens mudam no decorrer do tempo, pois sofrem transformações promovidas pelas forças da natureza e da sociedade. A paisagem natural sofre modificações mais lentas ao longo de milhares ou até mesmo de milhões de anos. Regiões com montanhas podem sofrer com a erosão causada pela água e pelo vento e se tornaram áreas planas como depressões e planícies.

Em alguns casos, as forças da natureza podem promover modificações rápidas na superfície. São exemplos as alterações provocadas pela erupção de um vulcão, terremoto de alta intensidade ou a chegada de um furacão.

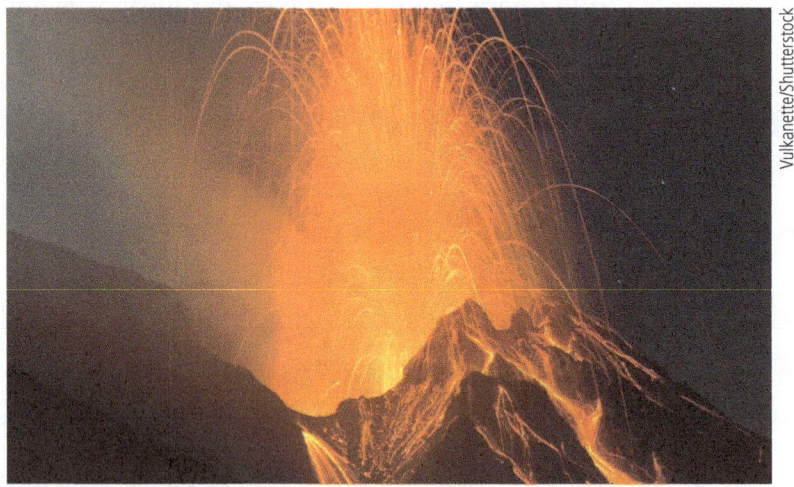

Erupção do Vulcão Stromboli, Itália.

Nos últimos séculos, a humanidade tornou-se uma força importante na modificação da superfície da Terra. No tempo histórico, comandado pela sociedade, a paisagem mudou com maior rapidez. Em poucas décadas, áreas florestais foram substituídas por paisagens rurais, que depois foram substituídas por cidades, estradas e edifícios.

Numa cidade, é possível fazer um levantamento das mudanças recentes na paisagem. Novas avenidas, novas casas, novos estabelecimentos comerciais, prédios antigos sendo demolidos, prédios de apartamento sendo erguidos. A paisagem é resultado do dinamismo da sociedade e de suas atividades.

Observando uma paisagem, podemos notar que ela é composta pelo acúmulo de elementos geográficos produzidos em diferentes tempos. Se quisermos, podemos estudar a história de uma cidade através dos prédios e bairros antigos que conservam formas geográficas que tinham funções específicas no passado.

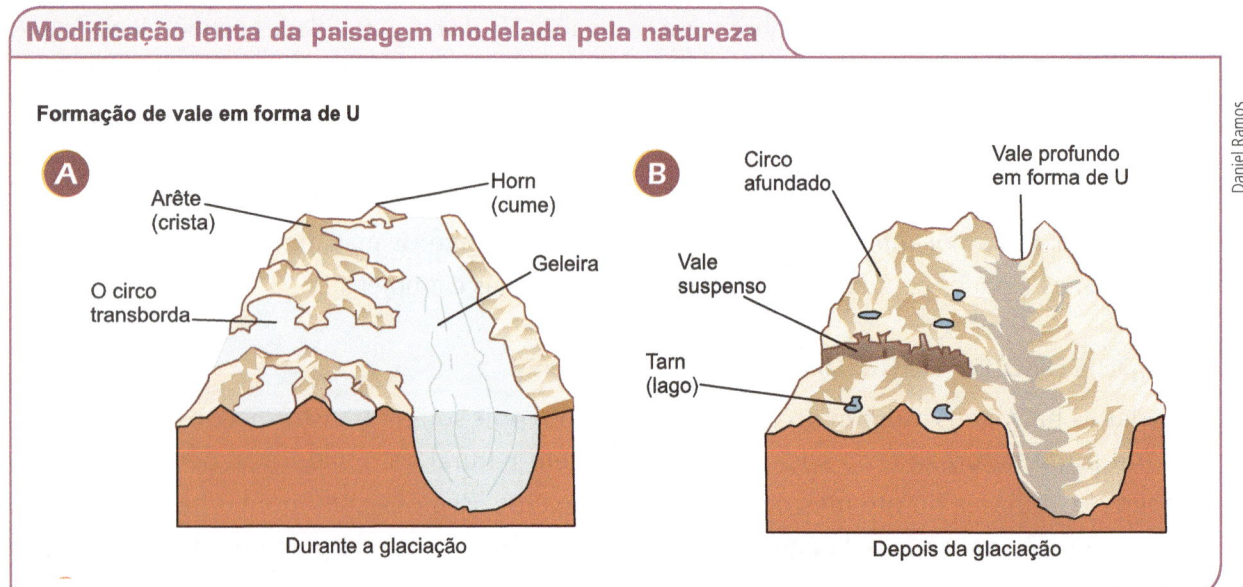

Você sabia?

A transformação da paisagem de São Paulo

As paisagens urbanas sofrem intensas modificações. A cidade de São Paulo não passava de uma diminuta vila de 950 habitantes no ano de 1585. No século XIX, a população passou para 30 mil habitantes. Com a riqueza econômica conseguida pelas exportações de café, houve um intenso crescimento populacional, em virtude da chegada de milhares de imigrantes. Em 1900, já havia 239 mil habitantes.

A foto a seguir mostra a Avenida Paulista em 1920.

A Avenida Paulista em 1920 era repleta de casarões ocupados pela elite ligada ao café.

A Avenida Paulista em 2010 é tomada por edifícios de bancos e escritórios. Do início do século XX, sobraram poucos casarões.

Avenida Paulista em 1966. Os casarões começam a dar lugar a altos edifícios.

Logo, surgiram as primeiras indústrias e a cidade teve um crescimento ainda maior, tornando-se a maior cidade do Brasil no século XX. Na década de 1960, notava-se a verticalização da cidade.

No início do século XXI, a metrópole paulistana já era a terceira maior do planeta, com 11 milhões de habitantes. Hoje, trata-se do maior centro financeiro, comercial e de serviços do país. A cidade concentra as sedes de grandes empresas e bancos nacionais e transnacionais.

ATIVIDADES

1 Desenhe a paisagem do bairro onde você mora. Para isso, selecione um local que permita uma visão ampla. Em seguida, elabore um texto descrevendo seus elementos naturais e artificiais.

_____
_____
_____
_____
_____
_____
_____

2 Com base em seus conhecimentos, como podemos definir uma paisagem?

_____
_____
_____

3 Classifique e descreva os elementos das paisagens a seguir.

_____
_____
_____
_____
_____
_____
_____
_____
_____
_____
_____
_____
_____
_____

4. Assinale a afirmativa correta:

a) Geografia não tem nenhuma relação com História no estudo das paisagens. ( )

b) Geografia tem pouca relação com História no estudo das paisagens. ( )

c) Geografia e História têm grande relação no estudo das paisagens. ( )

d) Nenhuma das anteriores. ( )

5. Produza um texto sobre as modificações da paisagem ao longo da história a partir da comparação entre as fotos a seguir.

Praça dos Curros, atual República, no centro São Paulo, em 1900.

Praça da República, em 1950.

Praça da República, em 2005.

6) Resolva os itens conforme a interpretação das imagens a seguir.

a) Classifique e descreva a paisagem A.

_____
_____
_____

b) Classifique e descreva as alterações na paisagem B.

_____
_____
_____
_____

c) Classifique e descreva as alterações na paisagem C.

_____
_____
_____

d) Mencione alguns problemas ambientais e sociais da paisagem C.

_____
_____
_____
_____

7 As fotos a seguir representam a cidade de Porto Alegre em dois momentos. Elabore um pequeno texto comparando os dois períodos.

Porto Alegre em 1895.

Porto Alegre em 2010.

_____
_____
_____
_____
_____
_____
_____
_____
_____
_____
_____
_____

8 Atividade com fotografia.

a) Escolha uma fotografia de paisagem com três planos (ver exemplo a seguir) ou escolha uma que você tenha em casa. Pode ser uma foto própria de um álbum. Você também poderá selecionar a foto de uma revista, jornal ou até mesmo da internet. Caso disponha de uma máquina fotográfica, selecione uma paisagem e faça a própria fotografia.

b) Tal como no exemplo a seguir, com um papel transparente, faça uma divisão da foto em primeiro, segundo e terceiro planos.

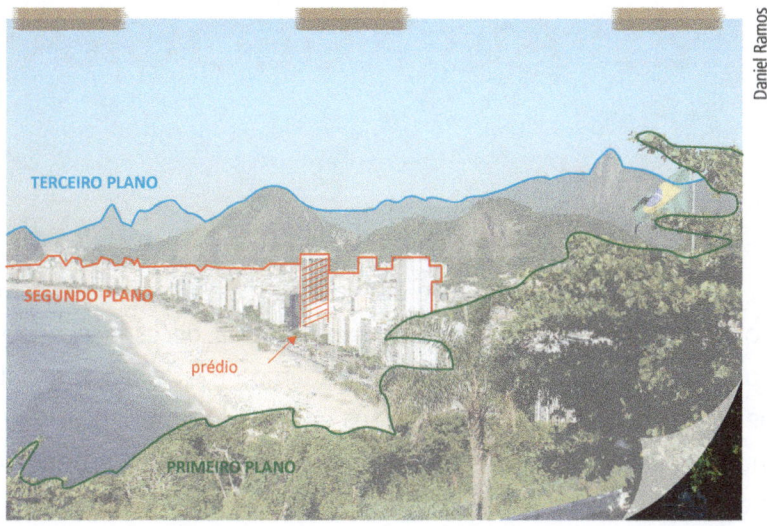

c) Descreva os elementos naturais e artificiais encontrados no primeiro plano.

d) Descreva os elementos naturais e artificiais encontrados no segundo plano.

e) Descreva os elementos naturais e artificiais encontrados no terceiro plano.

f) A paisagem pode ser classificada como natural, rural ou urbana? Justifique.

g) Cite 3 lugares diferentes encontrados na paisagem.

h) Elabore as prováveis normas e comportamentos exigidos das pessoas em um dos lugares mencionados.

i) Apresente dados de localização da paisagem representada na fotografia, isto é, município, estado e país.

Capítulo 2
TERRITÓRIO E ESPAÇO GEOGRÁFICO

O território está presente em várias escalas, sendo que, em qualquer escala, podemos definir território como uma parcela de espaço onde se exerce algum tipo de poder. Este poder pode ser definido nas relações sociais, isto é, entre as pessoas, mas também nas relações econômicas e políticas. Para compreender o mundo pela análise geográfica, precisamos entender o espaço geográfico, que é produzido pelas relações entre a sociedade e a natureza.

Vista aérea da Ponte da Amizade que liga Foz do Iguaçu, no Brasil, a Ciudad del Este, no Paraguai (2010).

A noção de território

As sociedades estão organizadas do ponto de vista político. Sabemos que a sociedade exerce poder sobre os lugares e paisagens. Desse modo, podemos trabalhar a noção de território, ou seja, um espaço da qual uma sociedade tomou posse para se organizar e exercer poder político.

Em sua casa, caso você tenha o próprio quarto, com a função de dormir, estudar e brincar, ele constitui um território em que você exerce mais poder do que no restante de sua casa. Isto é, você decide mais sobre a distribuição dos seus objetos pessoais no quarto e parte das atividades que vão ser realizadas nele.

Numa escala mais abrangente, cada país possui um território que representa a área de domínio político e econômico exercido por sua sociedade. O território nacional é delimitado por fronteiras políticas que se referem ao limite com outros territórios nacionais.

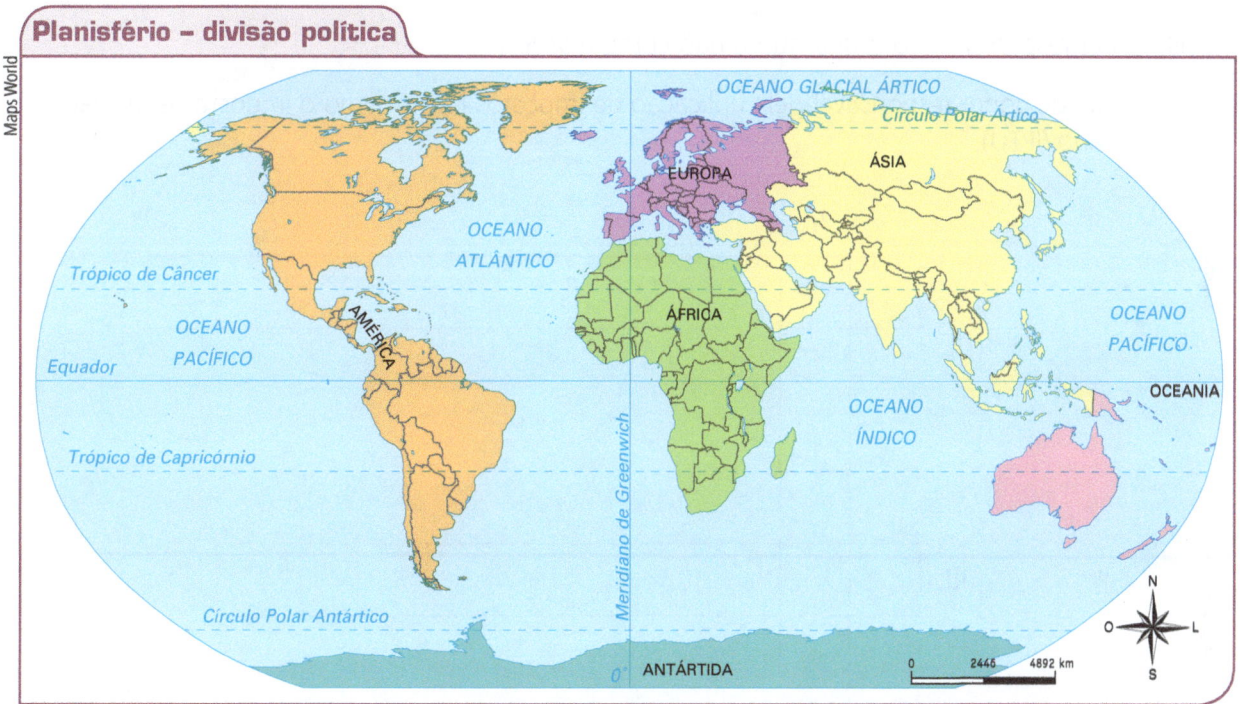

Fonte: Com base em Ferreira, Graça Maria Lemos. *Atlas geográfico espaço mundial*. São Paulo: Moderna, 2010. E CIA - The World Factbook. Disponível em: <www.cia.gov/library/publications/the-world-factbook/geos/od.html>. Acesso em: jul. 2012

No caso dos países, boa parte da relação entre a sociedade e seu território é intermediada pelo governo. Geralmente, o governo é constituído por Três Poderes, o Executivo, o Legislativo e o Judiciário:

- Poder Executivo: constituído pelo presidente, governadores e prefeitos, que têm responsabilidade de administrar e executar, isto é, colocar em prática medidas econômicas e sociais. Por exemplo, a construção de um hospital público.

- Poder Legislativo: formado por senadores, deputados e vereadores, é responsável pela elaboração das leis que devem ser respeitadas pela sociedade. Por exemplo, a Lei Antifumo em vigor no Estado de São Paulo. Também tem a função de fiscalizar o Poder Executivo.

- Poder Judiciário: é o poder responsável pela aplicação correta das leis e fiscalização dos demais poderes.

Nas nações onde vigora a democracia, a maioria dos representantes dos poderes Executivo e Legislativo é escolhida pela população por meio de eleições livres. Os Três Poderes estabelecem grande parte das regras ou normas que os indivíduos, a sociedade e as empresas devem cumprir, inclusive em sua relação com o território. Por exemplo, a construção de uma obra como uma hidrelétrica costuma ser responsabilidade do Poder Executivo e deve ser realizada de acordo com as leis socioeconômicas e de conservação do meio ambiente existentes.

ATIVIDADES

1 Preencher a cruzadinha conforme as dicas a seguir.

I. Poder responsável pela elaboração das leis.

II. Poder responsável por atividades como a construção de uma escola pública.

III. Poder responsável por punir quem não cumpre as leis.

IV. Escala de poder responsável pela aplicação de impostos locais como o Imposto Territorial Urbano (IPTU).

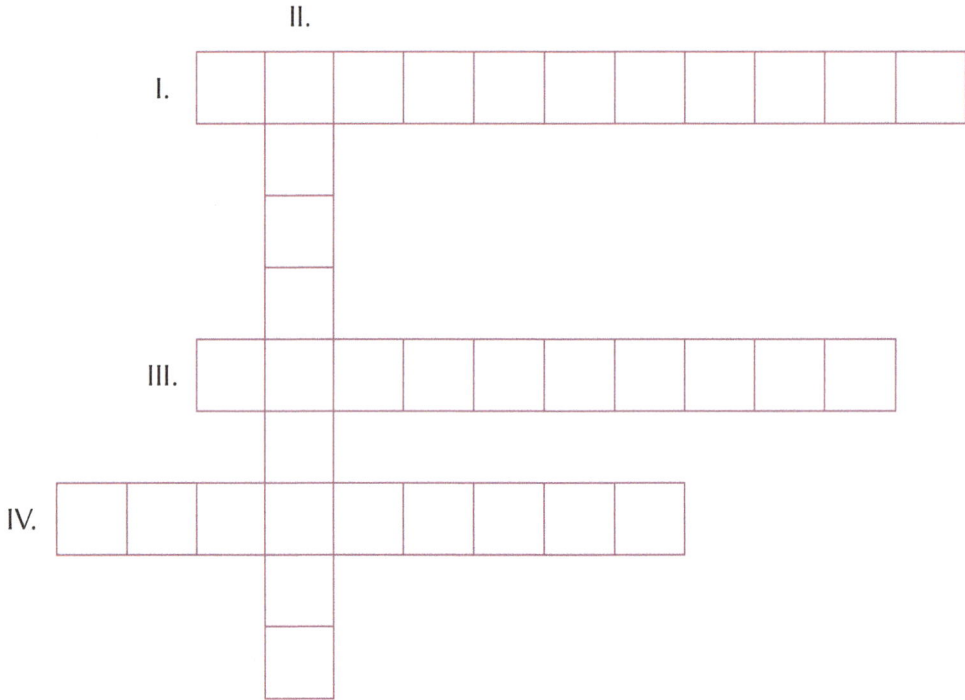

2 Em seu bairro, você percebe a presença dos poderes Executivo, Judiciário e Legislativo? Reflita e mencione alguns exemplos.

_____
_____
_____
_____
_____

Os países

Em um país, o Poder Executivo federal é a principal instância de poder. É liderado pelo presidente da República e seus ministros (Educação, Saúde, Justiça, Relações Exteriores, Meio Ambiente, Economia, entre outros). No Brasil, a eleição para presidente é direta, ou seja, é escolhido o candidato que tiver a maior parte dos votos. A eleição é realizada em dois turnos. No primeiro turno, concorrem candidatos de vários partidos políticos. Caso o vencedor do primeiro turno não conquiste mais de 50% dos votos válidos, os dois primeiros colocados participam de um segundo turno. O vencedor do segundo turno é eleito presidente. Esse sistema de dois turnos também vale para a eleição dos governadores dos estados e dos prefeitos das cidades com população acima de 200 mil habitantes.

O Poder Legislativo é formado por deputados federais provenientes dos estados e do Distrito Federal. O número de deputados depende em grande medida da população de cada estado. No Brasil, os estados de São Paulo, Minas Gerais e Rio de Janeiro apresentam mais deputados porque são os mais populosos. O Legislativo também é formado pelo Senado composto pelos senadores, que representam especialmente os interesses de cada estado em relação ao governo federal. No Brasil, são dois senadores para cada estado da federação.

O governo federal possui tarefas importantes. Cuida da segurança do território e da vigilância das fronteiras por meio das Forças Armadas (Exército, Marinha e Aeronáutica) e da Polícia Federal. Trata das relações com outros países por meio do Ministério das Relações Exteriores. Define a política geral de desenvolvimento econômico do país, sendo responsável pela circulação da moeda, por parte da geração e transmissão de energia, construção de rodovias federais e portos. Também atua no setor social, estabelecendo as políticas de saúde, educação e reforma agrária (distribuição de terras).

Brasília, sede do poder federal do Brasil. Na foto, a Esplanada dos Ministérios e o Congresso Nacional.

ATIVIDADES

1 Liste algumas diferenças entre os poderes Executivo, Legislativo e Judiciário.

___

2 Escreva sobre as atribuições do Poder Executivo nas esferas federal, estaduais e municipais.

___

Os estados

Os países costumam ser divididos em unidades menores que recebem o nome de estados, palavra que é utilizada em países como o Brasil, os Estados Unidos e a Alemanha. Em alguns países como a Argentina e o Canadá, os estados são chamados de províncias. Em outros, como a Bolívia e o Paraguai, são denominados de departamentos.

A República Federativa do Brasil é composta por 26 estados e por um Distrito Federal. Na escala estadual, o Poder Executivo máximo é exercido pelo governador. Já o Poder Legislativo é formado por deputados estaduais provenientes de diversas partes do estado a partir de uma Assembleia Legislativa.

No âmbito estadual, o poder fica concentrado numa cidade que constitui a capital do estado. O governo estadual é responsável por importantes atividades como a construção de rodovias, parte da geração de energia, conservação do meio ambiente, segurança pública (polícias civil e militar). O governo estadual também cuida da administração direta de grande parte das escolas e dos hospitais. No mapa a seguir, podemos observar os estados que compõem o território do Brasil.

Fonte: Com base em Ferreira, Graça Maria Lemos. *Atlas geográfico espaço mundial*. São Paulo: Moderna, 2010.

Os municípios

Possivelmente você mora numa cidade ou numa área rural que pertence a um município. Nos municípios, o Poder Executivo é exercido pelo prefeito a partir da prefeitura. O Poder Legislativo é liderado pelos vereadores a partir da Câmara de Vereadores.

O governo municipal ou prefeitura apresenta um grande número de atribuições que interferem diretamente em seu dia a dia. São exemplos a coleta do lixo, a pavimentação das ruas, a iluminação pública, a arborização das calçadas, além de cuidar de boa parte dos hospitais e das escolas públicas.

Também cabe ao poder municipal o estabelecimento de normas como a definição das áreas onde é permitida a localização do comércio, a construção de prédios de apartamentos e as áreas onde a cidade pode crescer por meio de estabelecimento de lotes. O mapa a seguir destaca os municípios que integram a região metropolitana de Salvador, no Estado da Bahia.

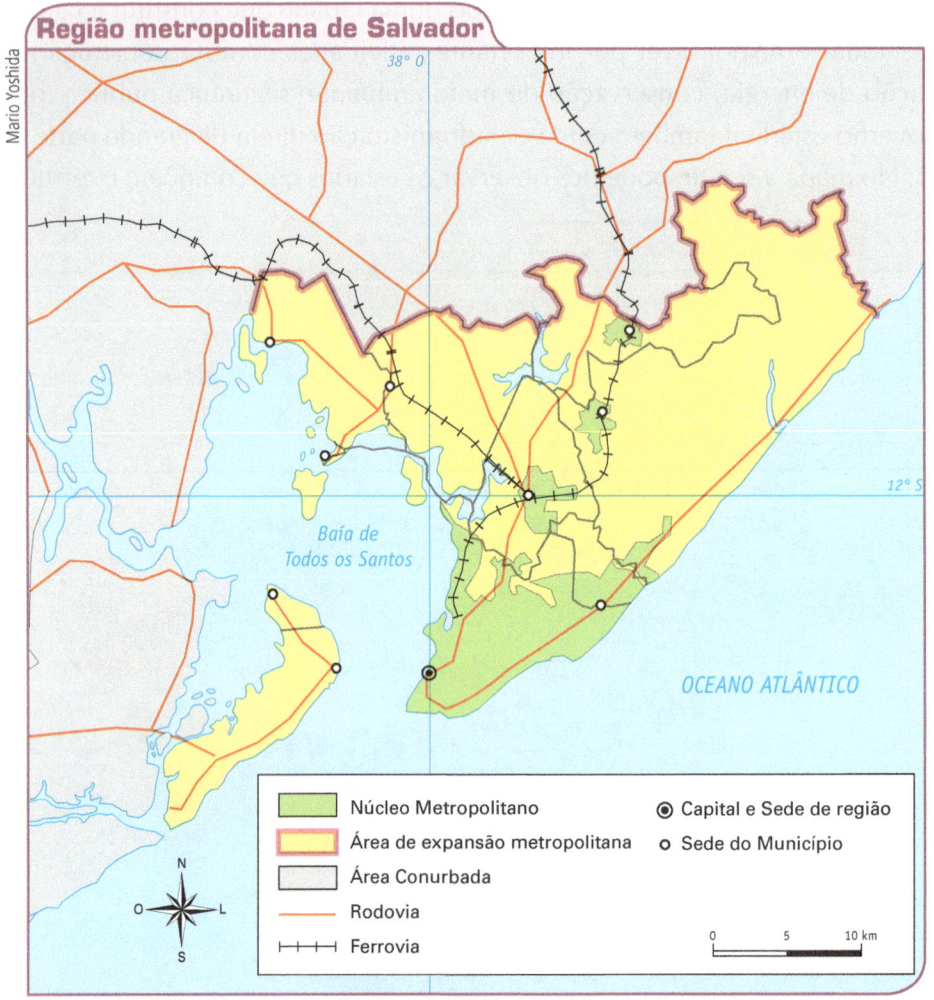

Fonte: Com base em Barreto, Maurício. *Atlas geográfico*. São Paulo: Escala Educacional, 2010.

Quanto à política interna dos países, no mundo existem diferentes sistemas. Em alguns países vigora o parlamentarismo. No parlamentarismo, quem governa o país (Poder Executivo Federal) é o primeiro-ministro (premiê). O primeiro-ministro não é eleito diretamente pela população. Primeiro, a população vota nos deputados. Depois, no Poder Legislativo, o partido político que tiver a maioria dos deputados é que indica o primeiro-ministro. São exemplos: Japão, Índia, Reino Unido, Canadá, Austrália, Itália e Espanha.

Rainha Elizabeth e príncipe Philip no parlamento britânico, em Londres, no Reino Unido (2012).

O sistema utizado nas eleições também varia de acordo com o país. No Brasil, utilizam-se urnas eletrônicas de alta tecnologia e as eleições são diretas. Nos Estados Unidos, a escolha do presidente da República é bem diferente. Lá, os estados têm enorme importância. Ou seja, possuem autonomia para definir as leis que valem em seus territórios. Na escolha do presidente do país, existe um Colégio Eleitoral em que cada estado vale um determinado número de delegados (votos). O candidato à Presidência que ganha em um estado ganha todos os votos desse estado no Colégio Eleitoral. Por exemplo, o candidato que vencer na Califórnia, estado com maior população, leva 55 votos. Já o Estado de Vermont, com pouca população, vale apenas 3 votos. Concluída a eleição em cada estado, ganha a Presidência da República o candidato que fizer mais votos a partir da somatória dos votos de todos os estados e da capital.

Em muitos países não existe democracia. São nações submetidas a ditaduras, isto é, governos autoritários onde a maioria da população não elege seus representantes para os cargos mais importantes. No Brasil, a última ditadura aconteceu entre 1964 e 1985. Nesse período, muitas pessoas que se opunham ao Regime e lutavam por democracia fugiram do país, outras foram presas, torturadas e, algumas delas, até assassinadas. Foi um período sombrio da História do Brasil, a economia cresceu, mas havia muita corrupção, desigualdade social e falta de liberdade.

Na atualidade, são exemplos de países com regimes ditatoriais: Mianmar, China, Coreia do Norte, Cuba, Líbia, Sudão, Arábia Saudita, entre outros. Em alguns deles, o governo censura os meios de comunicação como jornais, revistas, televisão e internet, ou seja, ninguém pode "falar mal do governo".

Algumas vezes, grupos políticos que fazem oposição ao governo são reprimidos com violência. Como existe censura, os casos de corrupção são acobertados.

Na China, governo reprime manifestantes do Tibete que protestam contra o domínio chinês e querem autonomia política (2011).

O espaço geográfico

Até agora, estudamos as diversas formas de investigar o mundo do ponto de vista geográfico através das noções de lugar, paisagem e território. Mas, você já ouviu falar no termo espaço geográfico? Nós estudamos que a paisagem é apenas a aparência do espaço geográfico, são os elementos geográficos visíveis e que podem ser descritos.

33

Quando passamos a explicar a paisagem, começamos a revelar o espaço geográfico. Para explicar é preciso investigar mais, ir além da aparência, descobrir a essência, ou seja, saber mais sobre a dinâmica da natureza e da sociedade, bem como suas relações.

Numa paisagem rural, por exemplo, podemos fazer um estudo da paisagem, descrevendo seus elementos como os campos de cultivo, a pastagem, o riacho e os trabalhadores. Porém, para compreender a fazenda enquanto parcela do espaço geográfico é necessário saber como acontecem as relações entre o proprietário da fazenda e seus empregados, as condições de vida dos empregados, o destino da produção agrícola, o meio de transporte utilizado, além das relações com outros lugares e pessoas.

Na atualidade, as sociedades humanas lideram a produção do espaço geográfico. Para compreender o mundo através da Geografia é fundamental considerar as relações sociais, uma vez que as ideias da humanidade deixam marcas por toda a superfície do planeta. Hoje, o espaço geográfico, produzido pelas relações entre a sociedade e a natureza, constitui a totalidade deste magnífico planeta, abrangendo todos os lugares, paisagens e territórios.

ATIVIDADES

1 Escolha a alternativa correta:

a) Espaço geográfico é sinônimo de paisagem. ( )

b) Espaço geográfico é sinônimo de território e paisagem. ( )

c) O espaço geográfico é produzido pelas relações entre a sociedade e natureza. ( )

d) O espaço geográfico não é produzido pelas relações entre a sociedade e natureza. ( )

2 No Brasil temos um regime:

a) parlamentarista. ( )

b) presidencialista. ( )

c) ditadura. ( )

d) um misto de parlamentarismo e presidencialismo. ( )

3 Os diversos lugares que integram o espaço geográfico estão relacionados. A indústria é uma atividade econômica muito importante. A siderurgia, ou seja, a produção de aço, é fundamental para o funcionamento de diversos tipos de indústria. A indústria siderúrgica transforma minério de ferro em ferro puro. Também produz aço que é uma mistura dos minérios de ferro e manganês feita a elevadas temperaturas. O carvão mineral é a fonte de energia que movimenta a indústria siderúrgica.

Levando em consideração:

- a localização das matérias-primas não renováveis,
- a localização da fonte de energia,
- os custos com transporte,
- a proximidade da água,
- o principal mercado consumidor,
- a mão de obra especializada.

Indique em qual das cidades representadas no mapa abaixo você instalaria uma indústria siderúrgica. Justifique sua escolha.

_____
_____
_____
_____
_____
_____
_____
_____
_____

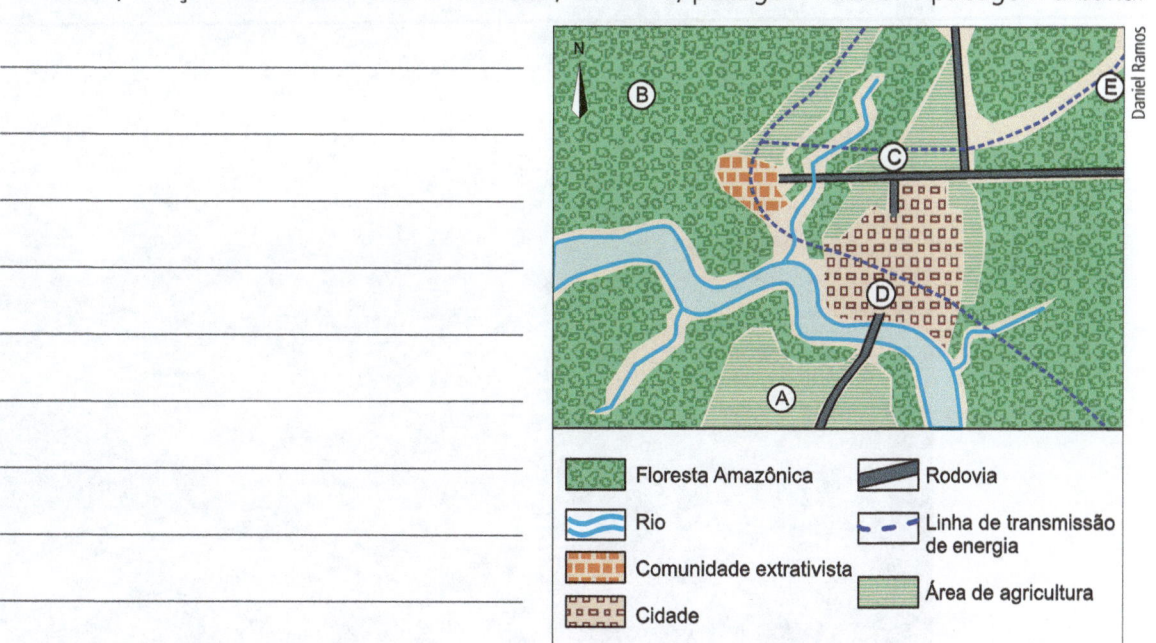

Croqui esquemático com escala suprimida.

4 O espaço geográfico é produzido na relação entre a sociedade com a natureza. Parte dessa relação acontece através das atividades econômicas. Uma indústria de alimentos que produz sucos e iogurtes a partir da polpa de açaí necessita de recursos naturais (Floresta Amazônica com presença de açaí), comunidade extrativista, trabalhadores para a indústria, mercado consumidor, além de fonte de energia e transporte.

Você deverá selecionar no mapa a seguir, a área (representadas por letras) mais adequada para a instalação desse tipo de indústria. Justifique sua resposta e utilize termos como recurso natural renovável, relação entre sociedade e natureza, território, paisagem natural e paisagem urbana.

_____
_____
_____
_____
_____
_____
_____
_____
_____

Croqui esquemático com escala suprimida.

5 Faça um desenho em uma folha de sulfite relacionando as seguintes dimensões de espaço: carteira, sala de aula, escola, bairro, cidade, município, estado, região, Brasil, América do Sul, Terra, Sistema Solar, Via Láctea e Universo.

35

Capítulo 3
Sociedade e natureza: o espaço do desequilíbrio e do desenvolvimento sustentável

O mundo apresenta um repertório variado de relações entre a sociedade e a natureza. As sociedades humanas se relacionam com a natureza de diferentes maneiras, por meio do trabalho, do consumo, da cultura e do lazer. Os povos indígenas e comunidades extrativistas na Amazônia dão pistas de uma relação mais sustentável com a natureza. Para responder essas e outras perguntas, vamos estudar este capítulo como as sociedades se relacionam com o meio ambiente.

Desmatamento na floresta Amazônica.

Relações entre os elementos da natureza

Quando estudamos os lugares e as paisagens, é fundamental descobrirmos as características e a dinâmica da natureza. Os principais elementos naturais são:

- Litosfera: é a porção sólida do planeta, sendo constituída principalmente pelas rochas que integram a crosta terrestre.
- Atmosfera: formada por gases como o oxigênio e o nitrogênio, além do vapor d'água.
- Hidrosfera: trata-se da porção formada por água no estado líquido, como os oceanos, rios e lagos.
- Biosfera: é constituída pela biodiversidade, ou seja, animais, plantas e microrganismos.

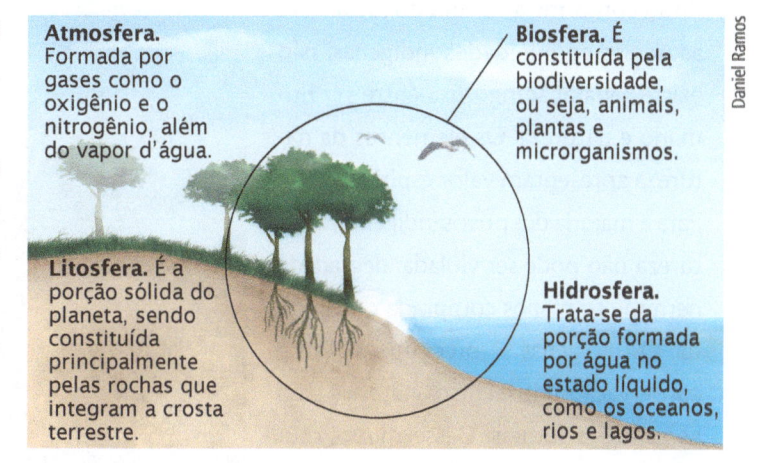

Atmosfera. Formada por gases como o oxigênio e o nitrogênio, além do vapor d'água.

Biosfera. É constituída pela biodiversidade, ou seja, animais, plantas e microrganismos.

Litosfera. É a porção sólida do planeta, sendo constituída principalmente pelas rochas que integram a crosta terrestre.

Hidrosfera. Trata-se da porção formada por água no estado líquido, como os oceanos, rios e lagos.

Os elementos da natureza não funcionam de forma separada, pois dependem uns dos outros. Por isso, a natureza não é a soma dos seus elementos, mas sim resultado da relação e equilíbrio entre todos. Por exemplo, quando o relevo da superfície terrestre sofre desgaste provocado pela água da chuva, observa-se que a litosfera relaciona-se com a hidrosfera e com a atmosfera. Quando os vegetais capturam água e nutrientes minerais do solo e liberam o oxigênio no ar, a biosfera relaciona-se com a hidrosfera, com a litosfera e com a atmosfera.

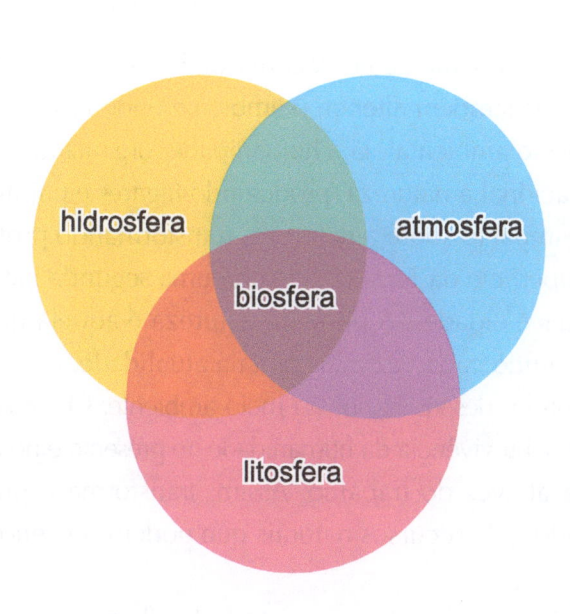

As formas de relevo encontradas na região de Vila Velha, localizadas no estado do Paraná, são resultado da interdependência entre os elementos naturais. Isto é, a água e o vento provocaram erosão, esculpindo formas raras de relevo.

Você sabia?

Relação sociedade-natureza entre os povos indígenas

A relação entre a sociedade e a natureza varia no tempo e no espaço, diferindo conforme a cultura do lugar. Para as nossas comunidades indígenas, não existe separação rigorosa entre ser humano e natureza. Os elementos da natureza apresentam valor espiritual.

Para a maioria dos povos indígenas, a natureza não pode ser violada, degradada nem muito menos comprada ou vendida. Os indígenas se preocupam com a conservação dos recursos naturais para as gerações futuras. Desse modo, causam menor impacto no ambiente, pois ao caçar, pescar, coletar e plantar, apenas retiram os recursos necessários para a sua sobrevivência.

Indígenas utilizando fibras naturais na construção de moradia, Querência (MT).

Quando recebemos notícias de degradação ambiental causada por povos indígenas, na maioria das vezes, são indígenas que sofreram aculturação, ou seja, sua cultura foi modificada pela influência de nossa cultura, marcada pelo consumismo.

Recursos naturais renováveis e não renováveis

As sociedades humanas foram se apropriando da natureza no decorrer da história, utilizando-se dos recursos naturais em seu benefício. Os animais também alteram o ambiente onde vivem, porém fazem de forma instintiva, causando menor impacto ambiental. Já a humanidade, organizada em comunidades e sociedades, modifica de maneira racional a natureza, produzindo lugares e paisagens.

As sociedades humanas aprofundaram seu impacto sobre a natureza, transformando profundamente alguns lugares. Hoje, a maior parte da superfície da Terra já constitui uma segunda natureza, em sua maior parte formada por paisagens rurais e cidades. A primeira natureza é aquela que não sofreu quase nenhuma alteração pelo homem, sendo cada vez mais rara na atualidade.

As modificações impostas pela sociedade causam desequilíbrios ao meio ambiente. Os problemas ambientais e ecológicos já afetam as condições de sobrevivência da humanidade no presente e no futuro.

A sociedade humana modifica a natureza através do trabalho. Assim, transforma a primeira natureza em paisagem rural ou urbana, extraindo dela recursos naturais que podem ser renováveis ou não renováveis.

Os recursos naturais renováveis são aqueles que se renovam com os ciclos da natureza, como é o caso da água, do solo e da vegetação. Apesar de serem renováveis, esses recursos devem ser utilizados de modo adequado, caso contrário podem tornar-se escassos, prejudicando a natureza e a própria sociedade. São vários os exemplos de descuido com os recursos renováveis, a exemplo da poluição das águas e da degradação do solo.

Os recursos naturais não renováveis são encontrados em quantidade limitada no meio ambiente. Por isso, devem ser utilizados com cautela pela sociedade. São exemplos os recursos minerais e energéticos como o minério de ferro e o petróleo. É fundamental praticar a conservação desses recursos naturais para que as gerações futuras tenham também o direito de usufruir deles e viver em um meio ambiente mais saudável.

A exploração de recursos minerais (recursos não renováveis) causa impactos ambientais. Na foto, mineração em Parauapebas (PA), 2001.

As preocupações com o meio ambiente se intensificaram nas últimas décadas, sendo compartilhadas pelas pessoas em diversos países. A primeira Conferência Internacional sobre Meio Ambiente foi organizada pela ONU (Organização das Nações Unidas) foi realizada em Estocolmo, capital da Suécia, em 1972. A segunda, mais importante, foi realizada na cidade do Rio de Janeiro, em 1992. A conferência contou com a participação de representantes de todos os países do mundo, inclusive os presidentes e primeiros-ministros. A partir de então, firmou-se o conceito de desenvolvimento sustentável. Ou seja, a promoção do desenvolvimento econômico com a conservação do ambiente, isto é, mantendo os ecossistemas e conservando os recursos naturais para as gerações futuras. A terceira conferência foi em Joanesburgo, África do Sul, em 2002 (Rio +10). Em 2012, aconteceu no Rio de Janeiro, a Rio +20.

O símbolo da Conferência Rio +20 mostra os três componentes do desenvolvimento sustentável: justiça social, crescimento econômico e proteção ambiental, ligados em forma de um globo.

Você sabia?

No site do Instituto Socioambiental (www.socioambiental.org), você vai encontrar informações, textos e projetos em defesa do meio ambiente, da diversidade cultural e dos direitos humanos.

Apesar das boas iniciativas, ainda predominam no mundo e no Brasil formas não sustentáveis de desenvolvimento que causam graves danos ao meio ambiente. Nas conferências do Rio de Janeiro (1992) e Joanesburgo (2002) foram discutidos problemas ambientais graves como o aquecimento global, o desmatamento das florestas e a desertificação. Porém, as ações para resolver esses problemas ainda são insuficientes. Assim, é preciso difundir as práticas de desenvolvimento sustentável em benefício do meio ambiente e da sociedade.

Você sabia?

Meio ambiente

O meio ambiente não é apenas integrado pelos elementos da natureza. As paisagens rurais e urbanas produzidas pela sociedade também fazem parte dele. O meio compreende aspectos físicos e aspectos econômicos, políticos e sociais.

Uma análise correta do meio ambiente deve incluir o impacto do homem e de sua cultura sobre os demais elementos. Também deve abarcar o impacto dos fatores ambientais sobre a humanidade. Desse modo, o meio abrange aspectos físicos, biológicos, econômicos, culturais, sociais, todos combinados e em transformação permanente.

A questão do meio ambiente vai muito além da preocupação com a extinção de espécies de animais e de vegetais. Ou seja, os problemas ambientais também são sociais, pois prejudicam a qualidade de vida das pessoas. Por exemplo, numa favela ou bairro pobre, a falta de água limpa, a ausência da rede de esgotos, o lixo depositado a céu aberto, as enchentes, a disseminação de doenças, a falta de arborização, o calor excessivo e a precariedade da educação contribuem para a degradação ambiental e também social.

Reciclagem

Uma prática importante de desenvolvimento sustentável é a reciclagem de recursos não renováveis. Destaca-se o reaproveitamento de vidros, latas de alumínio, plásticos, aço e papel. A reciclagem contribui para evitar uma exploração ainda mais intensa dos recursos naturais. No entanto, é uma prática com difusão limitada na maioria dos países. No Brasil, por exemplo, a maior parte do lixo não é reciclado. Porém, existem bons exemplos. Nosso país é líder mundial em reciclagem de latas de alumínio. Nesse caso, houve interesse econômico das empresas pela reciclagem e tornou-se uma alternativa de geração de renda para trabalhadores muito pobres como os catadores.

Mesmo assim, algumas experiências são exemplares. Em alguns municípios foi colocado em prática o uso racional da água. Em São Caetano do Sul (SP), a água de esgoto antes inutilizada, agora recebe tratamento e é novamente utilizada na limpeza das ruas e irrigação de bosques e jardins. Trata-se da "água de reúso".

A reciclagem de lixo é uma forma de reaproveitar os recursos naturais reduzindo a pressão pela exploração de novas matérias-primas na natureza, em São Paulo.

Água de reúso utilizada por caminhão pipa, responsável pela lavagem de ruas e irrigação de jardins.

ATIVIDADES

1 Reflita sobre a charge a seguir. Quais são os problemas destacados na charge? Como tem sido a relação da humanidade com a natureza?

_____
_____
_____
_____
_____
_____
_____
_____
_____
_____
_____
_____
_____

2 Cite os principais elementos da natureza.

_____
_____

3 É correto afirmar que a natureza é composta apenas de elementos isolados como litosfera, atmosfera e hidrosfera? Justifique.

_____
_____
_____
_____
_____
_____

41

4 O que são recursos naturais renováveis?

_____
_____
_____
_____
_____

5 O que são recursos naturais não renováveis?

_____
_____
_____
_____
_____

6 O ar é um recurso natural não renovável? Justifique sua resposta.

_____
_____
_____
_____

7 O que é desenvolvimento sustentável?

_____
_____
_____
_____
_____

8 A forma de relevo representada a seguir pode ser explicada pela interação entre atmosfera, hidrosfera e litosfera? Justifique.

A Baía Gazela, no sul da Costa WA, Broome, Austrália.

9 Escreva um texto sobre a importância da reciclagem com base na interpretação da imagem a seguir.

Armazenamento de pneus que não podem ser reciclados, Belo Horizonte (MG), 2007.

43

10 A partir da interpretação do quadro a seguir, dê sua opinião sobre a importância da conservação dos recursos naturais.

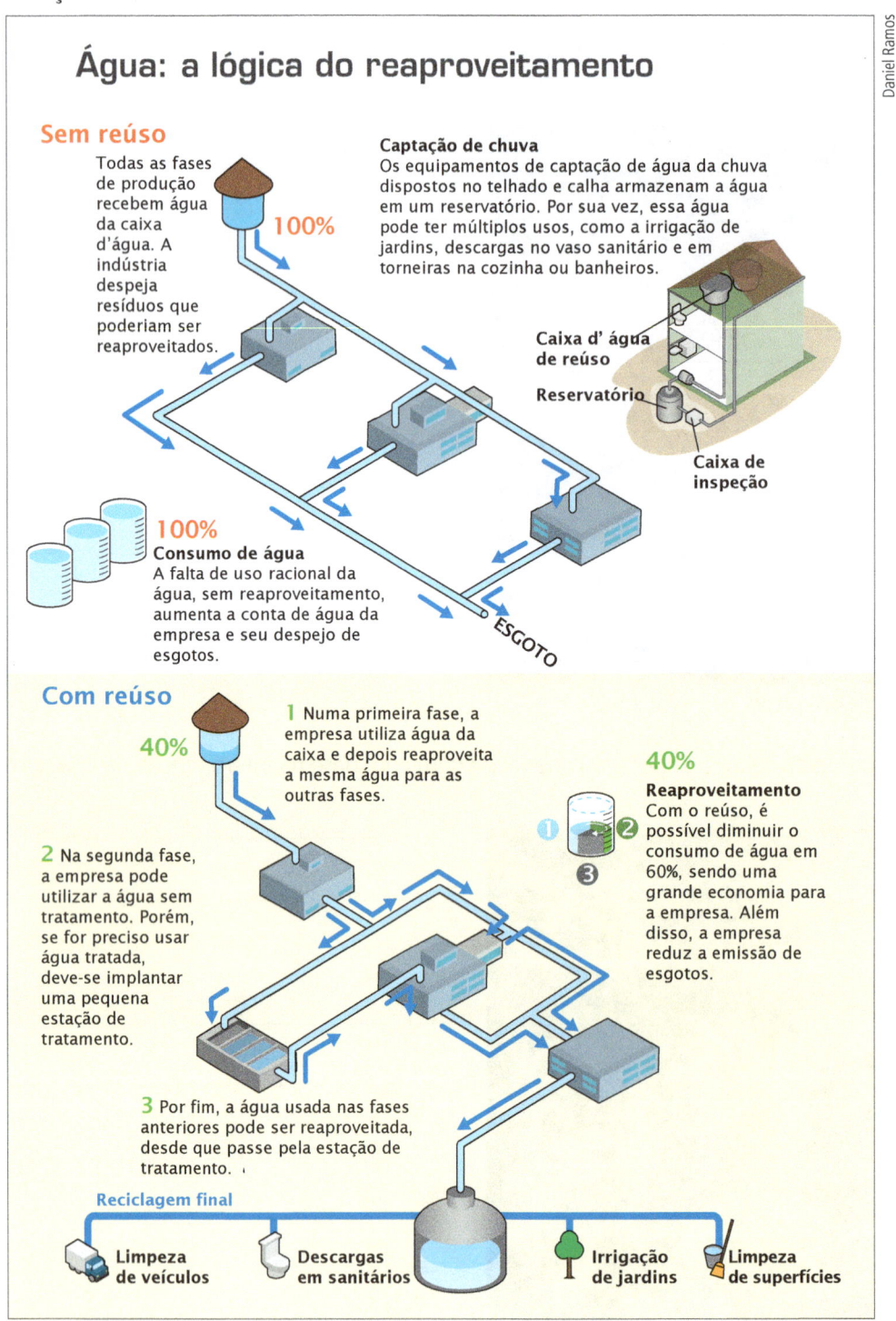

Água: a lógica do reaproveitamento

Sem reúso

Todas as fases de produção recebem água da caixa d'água. A indústria despeja resíduos que poderiam ser reaproveitados.

100%

Captação de chuva
Os equipamentos de captação de água da chuva dispostos no telhado e calha armazenam a água em um reservatório. Por sua vez, essa água pode ter múltiplos usos, como a irrigação de jardins, descargas no vaso sanitário e em torneiras na cozinha ou banheiros.

Caixa d' água de reúso
Reservatório
Caixa de inspeção

100%
Consumo de água
A falta de uso racional da água, sem reaproveitamento, aumenta a conta de água da empresa e seu despejo de esgotos.

ESGOTO

Com reúso

40%

1 Numa primeira fase, a empresa utiliza água da caixa e depois reaproveita a mesma água para as outras fases.

40%
Reaproveitamento
Com o reúso, é possível diminuir o consumo de água em 60%, sendo uma grande economia para a empresa. Além disso, a empresa reduz a emissão de esgotos.

2 Na segunda fase, a empresa pode utilizar a água sem tratamento. Porém, se for preciso usar água tratada, deve-se implantar uma pequena estação de tratamento.

3 Por fim, a água usada nas fases anteriores pode ser reaproveitada, desde que passe pela estação de tratamento.

Reciclagem final

Limpeza de veículos | Descargas em sanitários | Irrigação de jardins | Limpeza de superfícies

Daniel Ramos

_____
_____
_____
_____

11 Leia o texto a seguir para responder às questões.

Deslizamentos em Angra dos Reis matam ao menos 30 pessoas

As fortes chuvas dos últimos dias de 2009 transformaram num cenário trágico um dos principais paraísos turísticos do Estado do Rio. O deslizamento de uma encosta atingiu uma pousada e sete casas na Ilha Grande, na baía de Angra dos Reis, matando pelo menos 19 pessoas. No continente, outras 11 pessoas morreram em outro desmoronamento de terra, no Morro da Carioca, no centro histórico da cidade, totalizando em 30 o número de vítimas fatais da tragédia. (...)

Na Ilha Grande, os bombeiros haviam resgatado 13 corpos de turistas e seis de moradores locais. (...) Em todo o Estado do Rio, 52 pessoas já morreram em consequência da chuva dos últimos dias. De acordo com a Defesa Civil, Angra dos Reis vinha sofrendo com as chuvas desde a quarta-feira, 30, e já tem 800 pessoas desabrigadas.

Segundo os bombeiros, cerca de 65 pessoas que estavam hospedadas na Pousada Sankay, na praia de Bananal, na face continental da ilha, escaparam do incidente com vida. Casas vizinhas à pousada, que ficou totalmente destruída, também foram atingidas pelo deslizamento. (....)

Mais de 100 pessoas, entre bombeiros, médicos e voluntários, foram mobilizadas para a operação de resgate na cidade. Militares da Marinha também ajudaram. Helicópteros e navios foram empregados no transporte de equipamentos e de pelo menos 10 feridos.

O comandante geral do Corpo de Bombeiros do Rio e subsecretário estadual de Defesa Civil, Pedro Machado, e o secretário de Saúde e Defesa Civil do Rio, Sérgio Côrtes, estão em Angra e ajudam no trabalho de resgate.

"Existe muita dificuldade para fazer esse material todo chegar aqui (Ilha Grande). As pedras e árvores que caíram sobre a pousada e as casas são muito grandes", explicou o vice-governador do Rio, Luiz Fernando Pezão, que chegou à ilha ainda pela manhã. (...)

O trabalho de resgate na favela é delicado, pois existe a possibilidade de um novo deslizamento se a chuva persistir. À noite, as buscas por corpos ou sobreviventes tiveram de ser interrompidas.

Em estado de choque, moradores da Carioca lamentavam a tragédia. De acordo com vizinhos, um ex-funcionário da prefeitura, conhecido como seu Zezinho, estaria soterrado com outras 13 pessoas de sua família – apenas uma teria escapado do desmoronamento. Ao todo, 800 pessoas foram retiradas do Morro da Carioca e abrigadas em três escolas do município.

Deslizamento no Morro da Carioca, Angra dos Reis (RJ), 2009.

Desesperados, os sobreviventes deixaram rapidamente suas casas, todas de alvenaria e regularizadas pela prefeitura de Angra, antes mesmo da chegada da Defesa Civil e dos bombeiros. Eles carregaram roupas e outros pertences, alguns eletrodomésticos e pequenos móveis. (...)

"O clima aqui é de desolação, de pânico, os abrigos estão abarrotados e a toda hora surge um ou outro nome de alguém desaparecido", contou, por telefone, a jornalista Tatiana Musse, que mora em Angra dos Reis. (...) As dificuldades de acesso e a falta de infraestrutura foram os principais obstáculos apontados por ele para a realização dos trabalhos. (...)

Embarcações oficiais foram usadas para tentar isolar o local dos muito curiosos que foram até a região mais atingida. Ainda de acordo com Pezão, estaleiros da região foram procurados para auxiliar no transporte de máquinas pesadas para remoção do entulho. Holofotes serão levados para o local, a fim de permitir a realização dos trabalhos de resgate durante a noite. (...)

Segundo a empresa de meteorologia Climatempo, há possibilidades de novas chuvas em Angra dos Reis até o final desta sexta-feira, pois o ar está muito úmido e quente, o que facilita o crescimento das nuvens de chuva. Desde as 9 horas desta manhã não há registro de chuva no município.

De acordo com a Climatempo, apesar de ainda haver muita nebulosidade sobre o município, houve elevação da temperatura ao longo do dia, que chegou aos 31 °C. O radar meteorológico do Pico do Couto, no Rio de Janeiro, operado pela Aeronáutica, não detectava chuva sobre a região. Porém, novas áreas de chuva já tinham surgido na região de Mangaratiba. (...)

Disponível em: <www.estadao.com.br/noticias/cidades,deslizamentos-em-angra-dos-reis-matam-ao-menos-30-pessoas,489360,0.html>. Acesso em: Jul. 2012.

a) A partir da leitura do texto, indique uma causa natural para a ocorrência dos deslizamentos.

b) A partir da descrição da fotografia, indique uma causa humana para a ocorrência dos deslizamentos.

c) Qual a importância da defesa civil e dos bombeiros em catástrofes como a ocorrida em Angra dos Reis?

d) Reflita sobre a seguinte questão: Quais medidas você tomaria para solucionar o problema dos deslizamentos de terra no Brasil?

Capítulo 4
CONHECIMENTOS BÁSICOS DE ORIENTAÇÃO

Para nos orientar no espaço geográfico é necessário conhecer e aprender a utilizar os pontos cardeais, os hemisférios, as coordenadas geográficas e os fusos horários.

Nascer do sol no balneário Camburiú (SC).

Orientação pelo Sol

Mesmo com todos os recursos modernos de orientação, podemos nos orientar pela posição do Sol no céu. Sabemos que o Sol nasce sempre na direção Leste e se põe na direção Oeste. Assim, se abrirmos o braço direito em direção ao Nascente (Leste), em nossa frente teremos o Norte, em nossas costas o Sul, e o Poente (Oeste) estará na direção indicada pelo nosso braço esquerdo.

Pontos cardeais e colaterais

Devido à divisão da Terra em dois hemisférios e ao movimento de rotação, foram criados quatro pontos básicos de orientação. Eles são denominados **pontos cardeais**: **norte (N)**, **sul (S)**, **leste (L)** e **oeste (O)**.

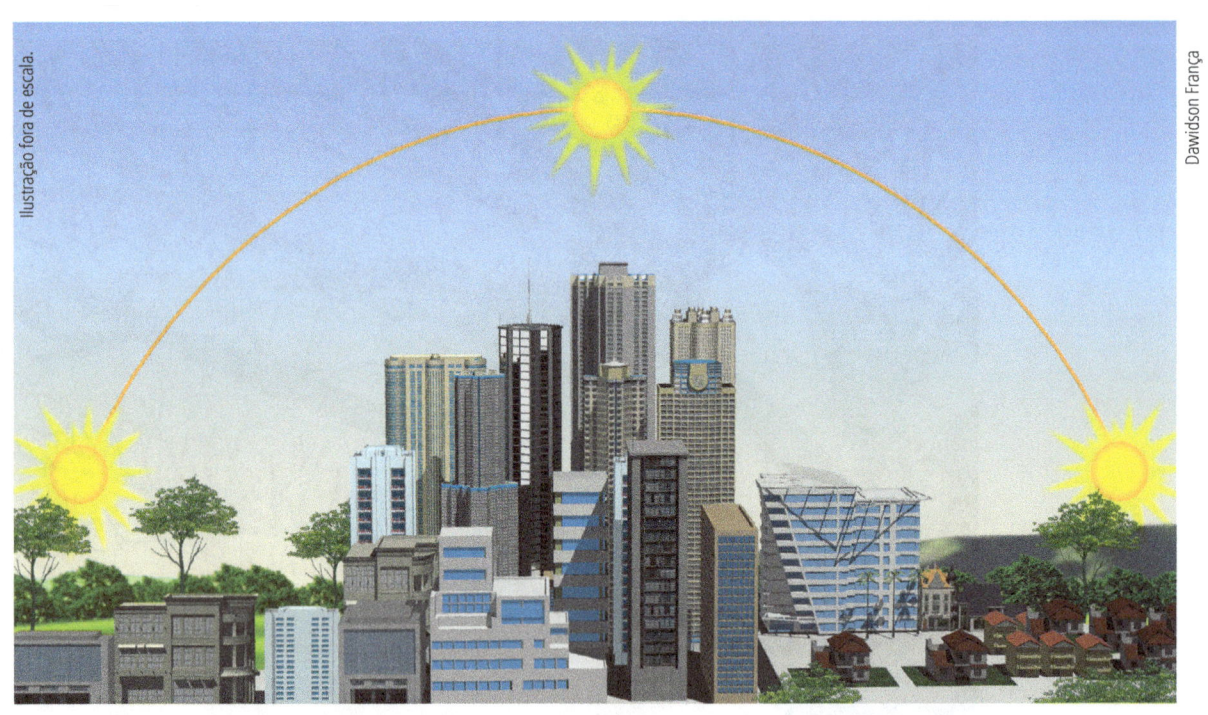

O Sol nasce do lado leste de um observador localizado na superfície terrestre.

Os pontos cardeais

Norte (N)	Em direção ao Polo Norte geográfico da Terra. Sinônimos: Setentrional e Boreal. O referencial astronômico mais importante é a Estrela Polar.
Sul (S)	Em direção ao Polo Sul geográfico da Terra. Sinônimos: Meridional e Austral. O referencial astronômico mais conhecido é o Cruzeiro do Sul.
Leste (L)	O referencial astronômico aproximado é o nascer do sol. Como a Terra gira de oeste para leste, visualiza-se o nascente a leste. No decorrer do dia, tem-se a impressão de que o Sol cruza o céu de leste (onde nasce) para oeste (onde se põe), pois trata-se do movimento aparente do Sol. Sinônimo: Oriente.
Oeste (O)	O referencial astronômico aproximado é o pôr do sol. Sinônimo: Ocidente.

Rosa dos ventos

Mesmo assim, os pontos cardeais não são suficientes para nos orientar precisamente sobre a superfície do planeta. Por isso, é preciso utilizar também os **pontos colaterais**, que se situam entre dois pontos cardeais. Veja como encontrá-los:

- entre o **Oeste** e o **Norte**, encontramos o ponto colateral **noroeste (NO)**.
- entre o **Oeste** e o **Sul**, encontramos o ponto colateral **sudoeste (SO)**.
- entre o **Leste** e o **Sul**, encontramos o ponto colateral **sudeste (SE)**.
- entre o **Leste** e o **Norte**, encontramos o ponto colateral **nordeste (NE)**.

Ainda podemos nos orientar com maior precisão, encontrando os **pontos subcolaterais**. Por exemplo, entre **leste** e **nordeste**, encontramos o ponto **lés-nordeste (LNE)**. Os demais são (**LSE**, és- -sudeste, entre leste e sudeste), **SSE** (su-sudeste, entre sul e sudeste), **NNE** (nor-nordeste, entre norte e nordeste), **NNO** (nor-noroeste, entre norte e noroeste), **SSO** (su-sudoeste, entre sul e sudoeste), **OSO** (oés-sudoeste, entre oeste e sudoeste) e **ONO** (oés-noroeste, entre oeste e noroeste).

Você sabia?

Bússola

A bússola foi inventada pelos chineses no século X, sendo um dos mais importantes instrumentos de orientação criados pelo homem. Ela possui uma agulha imantada que é atraída pelo campo de atração magnética da Terra, que está orientado no sentido norte-sul. Por isso, a agulha da bússola está sempre orientada em direção aos polos magnéticos norte e sul.
Deve-se ajustar a parte móvel onde está desenhada a rosa dos ventos até que o norte esteja correspondendo à extremidade norte da agulha. Com isso, teremos com precisão razoável os demais pontos de orientação.

Bússola.

Você sabia?

Atenção, para cima não é para o norte!

Provavelmente você já deve ter ouvido alguém contar que iria fazer uma viagem dizendo algo assim: "Eu vou lá para cima, passar as férias em Belém, capital do Pará". Mas será que isto está certo? Claro que não! Veja bem. O norte fica na direção do Polo Norte e o Sul fica na direção do Polo Sul. O certo é dizer: Eu vou lá para o Norte (...).

É um erro dizer "para cima", "acima", "para baixo" e "em baixo", querendo referir-se aos pontos cardeais e colaterais. Lembre-se que "para cima" é em direção ao espaço sideral. Para baixo é direção ao centro da Terra. Essa confusão é causada porque nos acostumamos a observar os mapas em posição vertical na sala de aula, para facilitar sua visualização pelos alunos. Daí a falsa impressão de que o "norte é para cima e superior em relação ao sul". Como os mapas são desenhos da superfície do planeta, eles deveriam ser analisados sempre na posição horizontal.

ATIVIDADES

1) No desenho a seguir, na Rua Central, localiza-se a escola em que estudo (número 1). Na Rua Direita está a minha casa (número 2). No bairro, também localiza-se um hospital (número 3). Considerando a posição do sol nascente, julgue as afirmações a seguir como certas ou erradas. Justifique suas respostas.

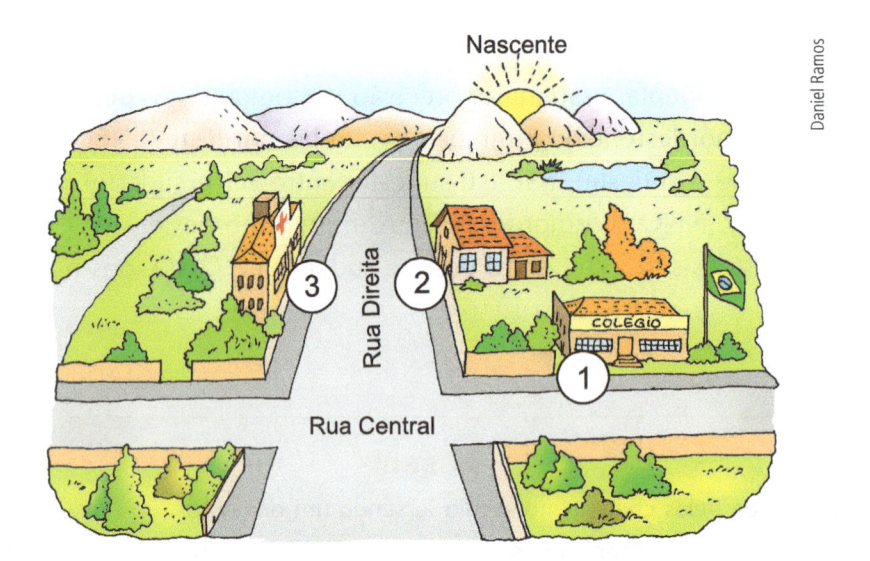

a) A Rua Central foi construída no sentido norte-sul.

_____
_____

b) A Rua Direita foi construída no sentido leste-oeste.

_____
_____

c) A frente da casa está voltada para o oeste.

_____
_____

d) A frente do colégio está voltada para o sul.

_____
_____

e) O hospital tem sua frente voltada para o leste.

_____
_____

2 No desenho a seguir, considere a posição do sol às 17 horas para responder aos itens.

a) Caso você esteja em casa e precisa ir até o supermercado, que direção você deverá seguir?

_____

b) Se você, sair da indústria e for até o parque para descansar, que direção você deverá seguir?

_____

c) Se você sair da escola em direção ao supermercado, que direção você deverá tomar?

_____

d) Se você estiver no hospital e for para o hotel e depois para o aeroporto, quais direções respectivamente você tomará?

_____

3 Qual o ponto colateral situado entre o sul e o oeste?

_____
_____
_____

4 Cite, respectivamente, os sinônimos de norte, sul, leste e oeste.

_____
_____

5 Leia o texto a seguir e identifique os trechos incorretos.

Sérgio mora em Florianópolis, estado de Santa Catarina. Ele entrou de férias e resolveu fazer uma viagem com alguns amigos lá para cima, ou seja, para Salvador, capital da Bahia. Após curtir as praias, a turma resolveu fazer uma breve viagem para baixo, em direção a Montevidéu, capital do Uruguai.

_____
_____
_____

6 Com o auxílio de um atlas, escreva sobre a posição geográfica da Austrália quanto aos hemisférios e linhas imaginárias.

_____
_____
_____
_____
_____
_____

Orientação nos mapas

Os pontos cardeais e colaterais são referências importantes de localização nos mapas. Sabemos que os nomes das regiões do Brasil foram escolhidos conforme sua posição em relação aos pontos cardeais e colaterais: Norte, Nordeste, Centro-Oeste, Sudeste e Sul.

Vamos considerar outra situação. Utilizando como referência apenas o mapa do estado de Mato Grosso a seguir, quais cidades estariam no Norte do estado? A resposta seria: as cidades de Guarantã do Norte, Peixoto de Azevedo, Terra Nova do Norte e Sinop. No Sul do estado estariam a capital, Cuiabá, Várzea Grande. No Sudeste, Rondonópolis e Barra do Garças. No sudoeste, Cáceres e Mirassol d' oeste. No Noroeste, Juína e Aripuanã. No Nordeste, a cidade de São Félix do Xingu.

Mato Grosso – principais cidades e rodovias

Fonte: IBGE. *Atlas Geográfico Escolar*. Rio de Janeiro: IBGE, 2009.

52

ATIVIDADES

1) Coloque verdadeiro (V) ou falso (F) nas afirmações abaixo.

   a) A linha do meridiano de Greenwich divide o planeta nos hemisférios Ocidental e Meridional. ( )

   b) A linha do Equador divide o planeta nos hemisférios Ocidental e Oriental. ( )

   c) A linha do Equador divide o planeta nos hemisférios Norte e Sul. ( )

   d) A linha do Meridiano de Greenwich divide o planeta nos hemisférios Ocidental e Oriental. ( )

2) Utilizando o mapa do Brasil a seguir, responda aos itens.

Brasil – divisão política

Fonte: Com base em Ferreira, Graça Maria Lemos. *Atlas geográfico espaço mundial*. São Paulo: Moderna, 2010.

a) Cite uma capital de um estado que se localiza no sul do país.
___

b) Indique uma capital de um estado que se localiza a nordeste do país.
___

c) Qual a direção a ser tomada numa viagem de Brasília para Belém?
___

53

Coordenadas geográficas

As coordenadas geográficas são formadas por linhas imaginárias traçadas sobre a Terra, com o objetivo de localizar qualquer lugar em sua superfície. Utilizam-se dois tipos básicos de linhas, os paralelos e os meridianos.

Paralelos e latitude

Os paralelos são círculos (360°) que circundam o planeta, em planos paralelos à linha do equador. O equador é o maior paralelo. Outros paralelos importantes são os trópicos de Câncer e Capricórnio, e os círculos polares Ártico e Antártico.

Com os paralelos, encontramos a primeira coordenada geográfica, a latitude. A latitude é a distância de qualquer ponto da superfície em relação à linha do equador, sendo medida em ângulos (em graus, minutos e segundos). A linha do equador apresenta 0° de latitude. A latitude vai aumentando em direção ao polo norte (90°) e em direção ao polo sul (90°). À exceção da linha do equador, a medida em graus da latitude deve ser acompanhada de referência dos hemisférios norte e sul.

Latitude

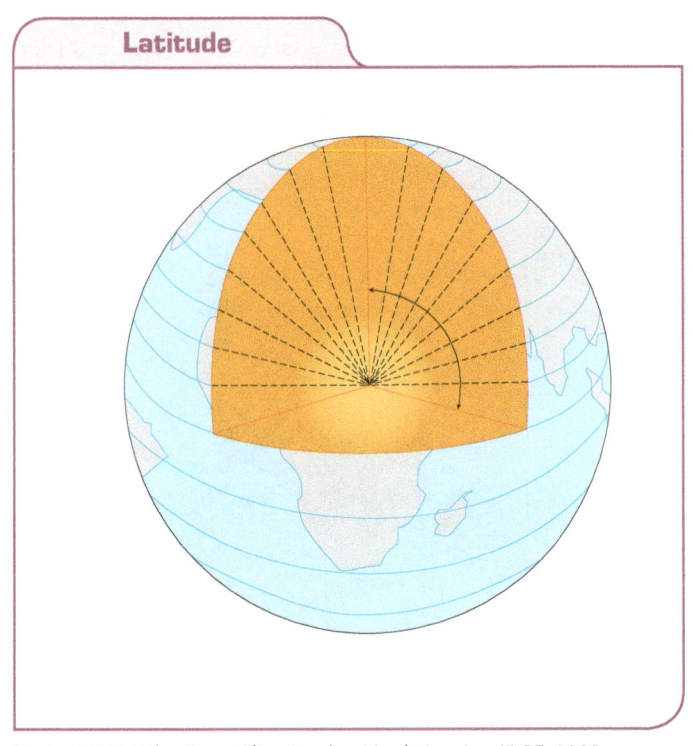

Fonte: IBGE. *Atlas Geográfico Escolar*. Rio de Janeiro: IBGE, 2009.

Meridianos e longitude

Os meridianos são semicírculos que vão do polo norte ao polo sul. O principal é o meridiano de Greenwich, que divide o planeta em dois hemisférios: ocidental e oriental. Cada meridiano apresenta um antimeridiano. Unidos, eles formam um círculo completo pelo planeta.

Utilizando os meridianos encontramos as coordenadas da longitude. A **longitude** é correspondente à distância de qualquer ponto da superfície terrestre em relação ao meridiano de Greenwich, medida em ângulos (em graus, minutos e segundos).

Longitude

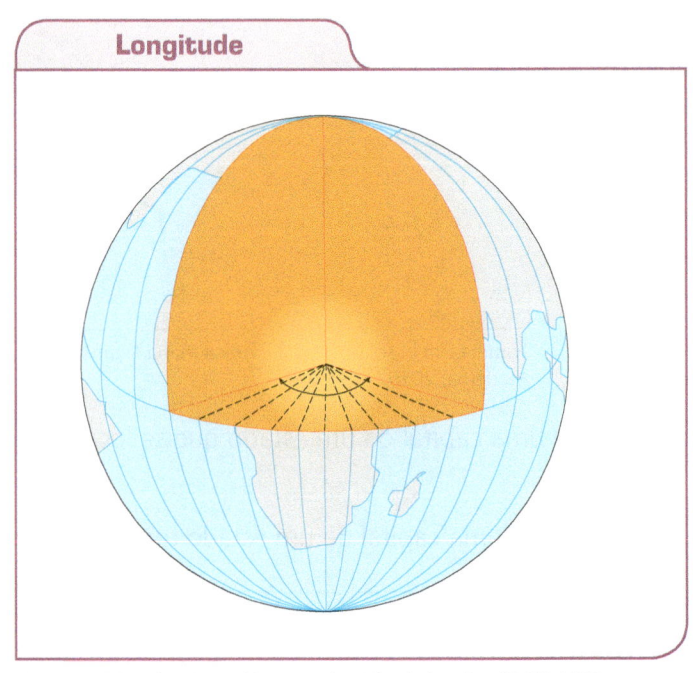

Fonte: IBGE. *Atlas Geográfico Escolar*. Rio de Janeiro: IBGE, 2009.

O meridiano de Greenwich está a 0° de longitude. A longitude vai aumentando na direção oeste até chegar a 180°, ou em direção a leste até chegar a 180°.

Com exceção do meridiano de Greenwich, a medida em graus da longitude deve ser acompanhada das referências leste ou oeste.

As coordenadas de latitude e longitude permitem localizar com precisão qualquer ponto na superfície terrestre. No mapa a seguir, observe o exemplo da localização do ponto com 30° de latitude sul e 60° de longitude oeste no território da Argentina.

Coordenadas geográficas: latitude e longitude

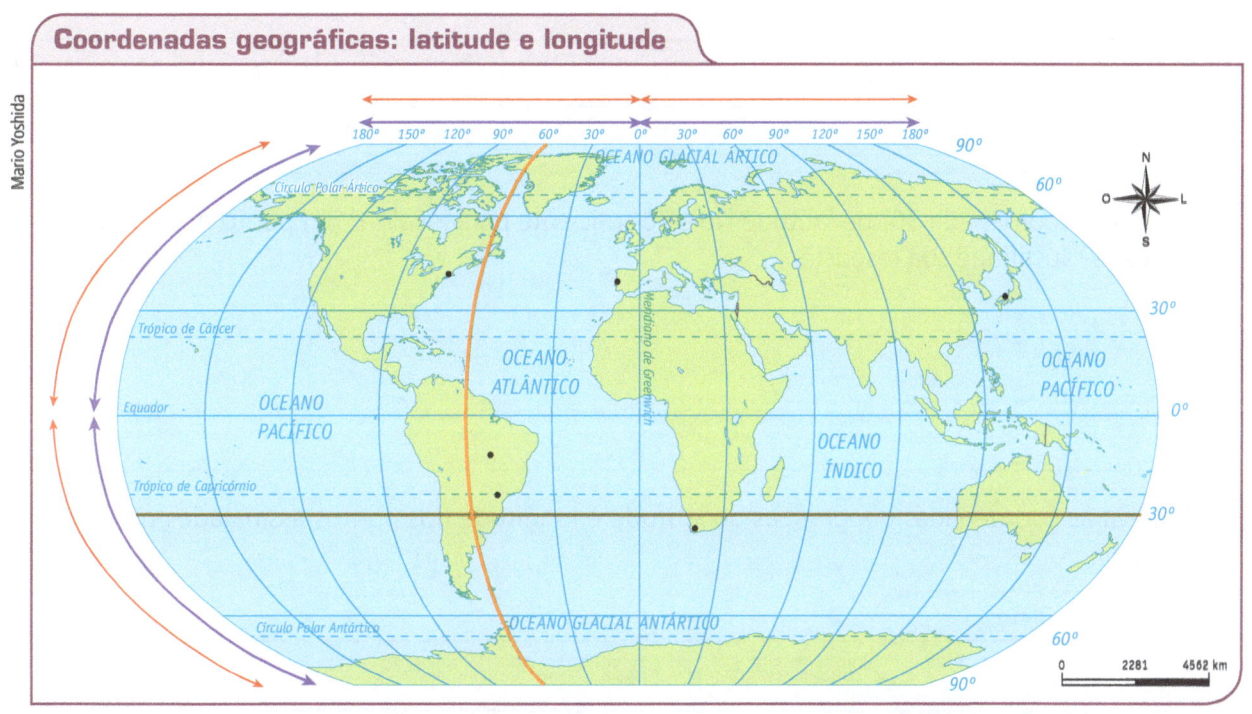

Fonte: IBGE. *Atlas Geográfico Escolar*. Rio de Janeiro: IBGE, 2009.

Você sabia?

Forma e hemisférios da Terra

Visto do espaço, o nosso planeta apresenta um formato esférico. Mas, sabemos, hoje, que a Terra apresenta uma forma específica denominada de geoide. Ou seja, nosso planeta apresenta um pequeno achatamento nos polos em decorrência do movimento de rotação. Seu diâmetro na linha do Equador é de 12 756,34 km, maior do que o diâmetro polar, que mede 12 713,80 km.

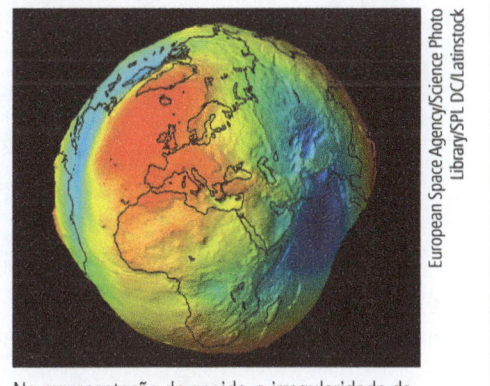

Nas partes levemente achatadas da Terra situam-se os Polos Norte e Sul. Na parte mais arredondada situa-se a linha do equador (palavra que deriva do latim equales, que significa iguais). Portanto, a linha do equador divide o planeta em duas partes iguais: os hemisférios Norte e Sul.

Na representação do geoide, a irregularidade da superfície da Terra foi exagerada.

Por sua vez, a linha do meridiano de Greenwich divide o planeta em outras duas partes: os hemisférios Leste (oriental) e Oeste (ocidental).

ATIVIDADES

1 O que é latitude? E o que é longitude?

_____
_____
_____
_____
_____

2 Apenas a coordenada 30° de latitude Norte é suficiente para localizar um ponto na superfície terrestre? Justifique sua resposta.

_____
_____
_____

3 Escreva as coordenadas geográficas de latitude e longitude dos pontos assinalados no mapa a seguir.

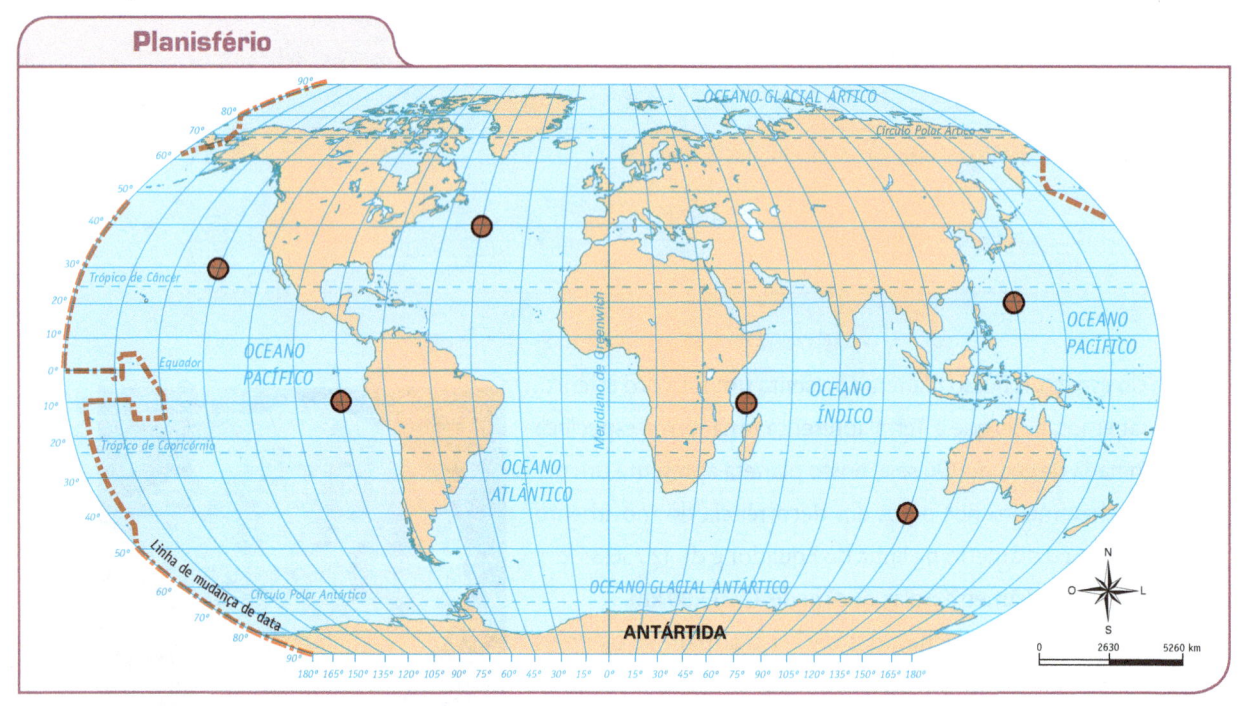

Planisfério

Fonte: IBGE. *Atlas Geográfico Escolar*. Rio de Janeiro: IBGE, 2009.

a) Ponto A: _____   b) Ponto B: _____

c) Ponto C: _____   d) Ponto D: _____

e) Ponto E: _____   f) Ponto F: _____

Movimentos da Terra

Rotação

Rotação é o movimento que o planeta realiza em torno de seu eixo Norte-Sul, no sentido de oeste para Leste. A inclinação do eixo da Terra é de 23°27'30" em relação ao plano da órbita que realiza em torno do Sol.

A duração do movimento de rotação é de 23 horas, 56 minutos e 4 segundos, que são arredondados para 24 horas, correspondendo ao dia terrestre. As principais consequências do movimento de rotação são: a sucessão dos dias e das noites.

Esquema com sentido do movimento de rotação

Fonte: Barreto, Maurício. *Atlas Escolar Geográfico*. São Paulo: Escala Educacional, 2006.

Fusos horários

Sabemos que existem grandes diferenças de horário entre estados, países e continentes. Mas qual a origem dessas diferenças? Vamos entender melhor. Primeiro, é necessário dividir os 360° da circunferência da Terra pelas 24 horas do dia. O resultado são 24 fusos horários com 15° de longitude cada um.

O fuso horário de referência é aquele que abrange o meridiano de Greenwich. Como a Terra gira no sentido de oeste para leste, os horários nos fusos a leste vão estar sempre adiantados, enquanto os horários nos fusos a oeste vão estar atrasados.

Por exemplo, fizermos uma viagem em direção a leste (direita), indo de Brasília para Bangcoc (capital da Tailândia), os horários aumentarão de 1 hora à medida que formos passando por cada fuso. Por exemplo, sendo 9 horas em Brasília, vão ser 20 horas em Bangcoc.

Já no sentido oposto, se a viagem acontecer em direção a oeste (esquerda), indo de Brasília para Los Angeles (Estados Unidos), os horários diminuirão de 1 hora para cada fuso pelo qual passarmos. Desse modo, sendo 9 horas em Brasília, vão ser 4 horas em Los Angeles.

Nós sabemos que as divisas entre estados e entre países são irregulares, obedecendo normalmente às referências geográficas, os fusos horários apresentam contornos adaptados às características geográficas de cada país, o que é muito importante para facilitar a vida das pessoas.

Imagine se a cidade onde você mora fosse cortada ao meio por um fuso horário. Imagine ainda que sua casa ficasse de um lado do fuso e sua escola ficasse do outro lado do fuso. Como é que você iria fazer para chegar à escola no horário correto? Todos teriam que ficar fazendo contas para poder cumprir seus compromissos sem atrasos, o que complicaria a vida de todos. Observe a seguir o mapa com a distribuição mundial dos fusos horários.

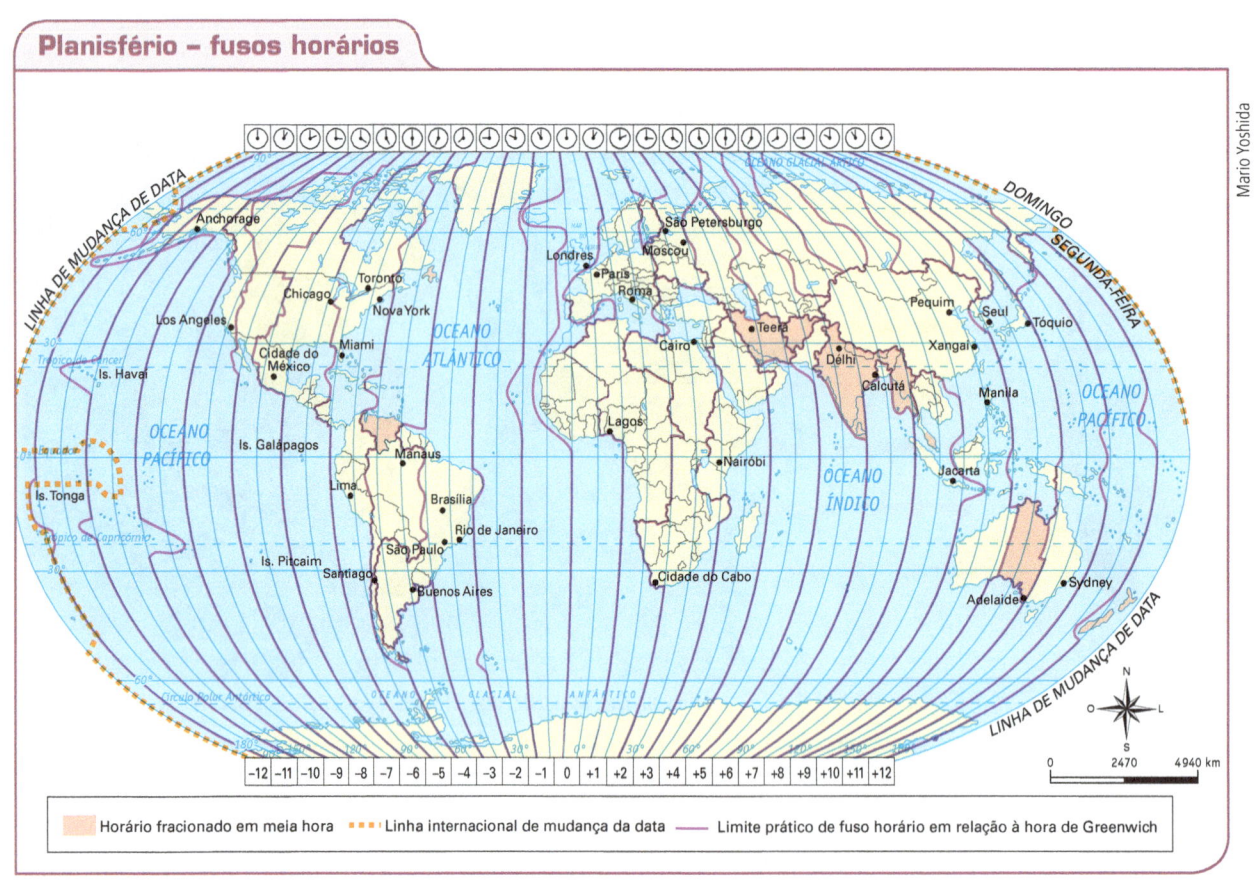

Planisfério – fusos horários

Fonte: IBGE. *Atlas Geográfico Escolar*. Rio de Janeiro: IBGE, 2009.

ATIVIDADES

1 O movimento de rotação é responsável:

a) pelas estações do ano. ( )

b) pelos dias e pelas noites. ( )

c) pelas noites e pelas estações do ano. ( )

d) pelos dias, pelas noites e pelas estações do ano. ( )

2 Utilize o mapa com a distribuição mundial de fusos horários (teoria) na resolução dos itens. Sendo 15 horas em Brasília, calcule os horários nas seguintes cidades:

a) Honolulu (Havaí, Estados Unidos): _____

b) São Francisco (Estados Unidos): _____

c) Manaus (Brasil): _____

3 Uma cidade está localizada no fuso horário de 45° oeste. Quando nessa cidade forem 5 horas, que horas serão numa cidade localizada no fuso 75° leste?

_____

_____

4 Um avião sai de São Paulo (SP) às 13 horas em direção a Manaus (AM). Considerando que a duração do voo é de 5 horas, em que horário o avião pousará em Manaus?

_____

_____

Translação

Translação é o movimento que a Terra realiza em torno do Sol, numa órbita elíptica. Sua duração é de 365 dias, 5 horas e 48 minutos, que corresponde a 1 ano terrestre. Para efeito de ajuste do calendário, convencionou-se que um ano normal teria 365 dias.

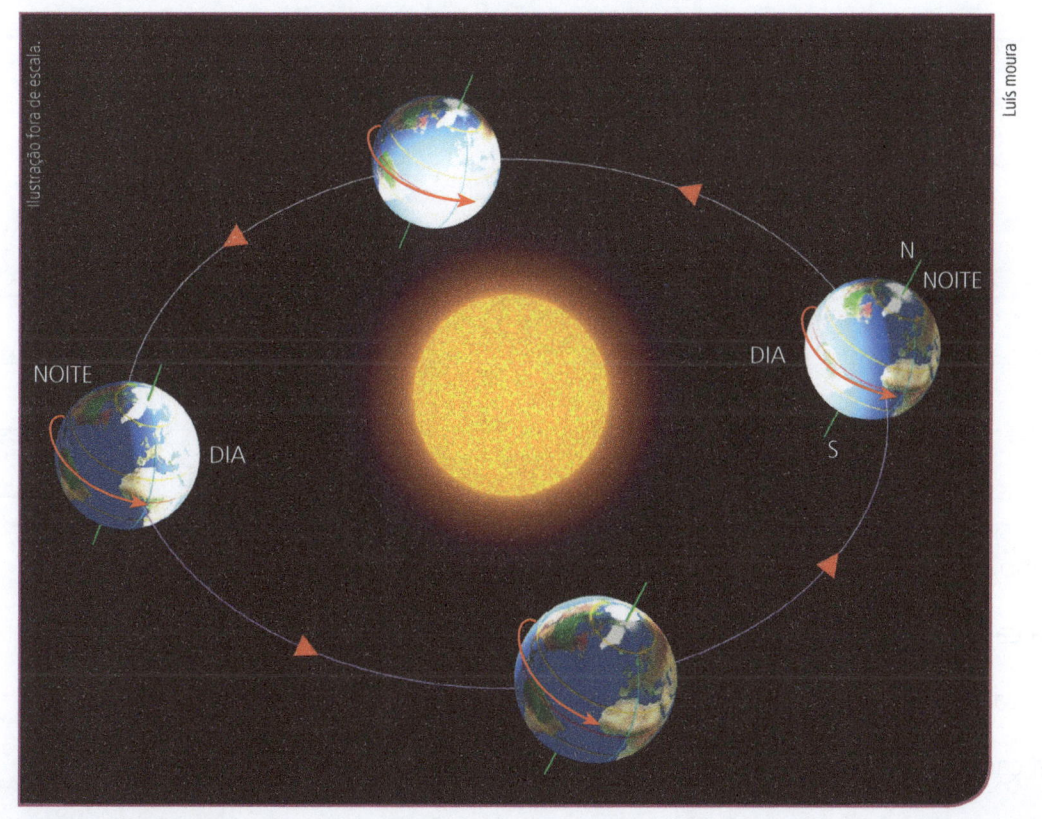

Movimento de translação.

O ano bissexto

Sabemos que 1 ano apresenta 365 dias. Mas o que fazemos com as quase 6 horas que sobram a cada ano?

Elas são acumuladas e somadas e, ao final de 4 anos, acrescenta-se 1 dia de 24 horas (4 × 6 = 24) ao final do mês de fevereiro.

É por isso, que de quatro em quatro anos inclui-se no calendário o dia 29 de fevereiro, dando origem a 1 ano com 366 dias, denominado ano bissexto.

ATIVIDADES

1) Explique o que é movimento de translação.

_____
_____
_____
_____
_____
_____
_____
_____
_____
_____
_____
_____
_____
_____

2) O ano bissexto ocorre:

a) a cada dois anos. ( )

b) a cada ano. ( )

c) a cada quatro anos. ( )

d) a cada dez anos. ( )

Capítulo 5

MAPAS: A REPRESENTAÇÃO DO ESPAÇO

Se observarmos, encontramos mapas nos mais diversos lugares. Nos jornais, nas revistas, na televisão, na internet, no metrô, no parque, nas empresas. Você já deve ter percebido que todo mundo utiliza mapas. Os mapas fazem parte do nosso cotidiano e são instrumentos importantes para compreendermos nosso mundo, descobrir as características dos lugares, paisagens e territórios. Mas, como se faz um mapa? Quais são os seus elementos básicos?

Terra Brasilis, mapa do Brasil elaborado em 1519.

A importância dos mapas

A Geografia é uma ciência preocupada com a identificação, localização, descrição e explicação dos lugares, paisagens e territórios que compõem o espaço geográfico. Portanto, desde a sua sala de aula até toda a superfície do planeta, todos os espaços podem ser estudados.

Na investigação do espaço geográfico, é muito importante a utilização de imagens como desenhos, fotografias e mapas que revelam as particularidades naturais e humanas do espaço. Os mapas apresentam características particulares. Os mapas são representações em escala reduzida de parte ou da totalidade da superfície do planeta. Os mapas apresentam alguns elementos básicos como perspectiva aérea, símbolos, título, legenda, fonte e escala.

A cartografia é responsável pela elaboração e pela leitura de mapas e utiliza uma série de representações gráficas, símbolos que são representações de elementos geográficos. Esses símbolos são únicos, como o uso de cores que representam elementos do espaço e que podem ser compreendidos por todas as pessoas em qualquer lugar do mundo. Portanto, cartografia é o conjunto de estudos e operações científicas, técnicas e artísticas, que orienta os trabalhos de elaboração de cartas geográficas.

A história dos mapas

Mapa pré-histórico

Os seres humanos produziram os primeiros mapas antes mesmo do surgimento da escrita. Os mapas pré-históricos eram rudimentares, feitos de materiais como rochas, gravetos e pigmentos naturais. Um exemplo foi um mapa produzido na planície da Mesopotâmia, atual Iraque, país localizado na Ásia. Ele foi encontrado na cidade de Ga-Sur por arqueólogos e foi produzido por volta de 2500 anos a.C.

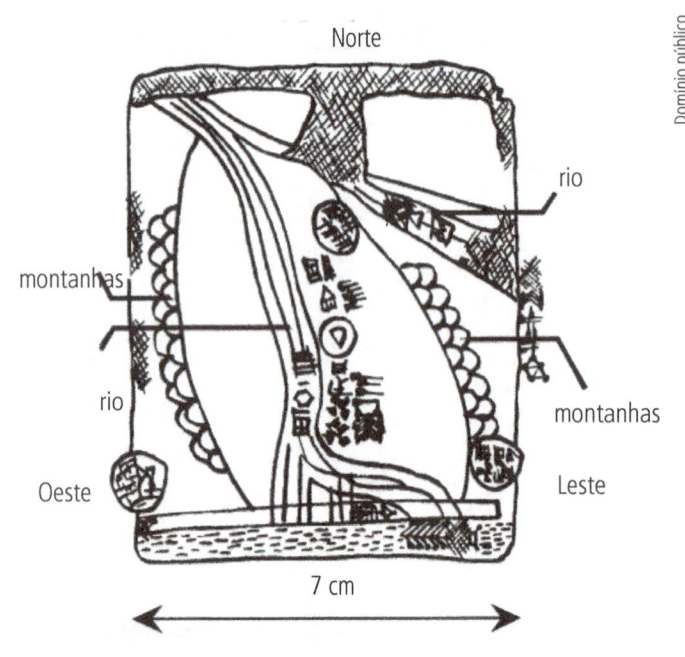

Mapa de Ga-Sur.

Placa de Ga-Sur.

Ele foi desenhado numa placa de barro cozido que representava o vale do rio Eufrates, que desemboca no Golfo Pérsico em vários canais (delta). Nosso cartógrafo pré-histórico utilizou conchinhas para representar as montanhas.

O mapa de Ga-Sur foi elaborado numa época em que o conhecimento a respeito do nosso planeta era limitado. As populações das aldeias conheciam bem as características do lugar onde viviam, mas tinham poucas informações a respeito de lugares mais distantes.

Mapas na Grécia Antiga

Na Antiguidade, a arte de produzir mapas prosperou especialmente na Grécia. Mestres como Hecateu de Mileto (550-476 a.C.), Eratóstenes (276-196 a.C.), Hiparco (século 200 a.C.) e Ptolomeu (90-168 d.C.) contribuíram muito para o desenvolvimento da Geografia, da História e da cartografia. Os gregos já sabiam que o planeta era esférico. Foram eles que descobriram as noções de polos, equador, trópicos, latitude, longitude e as primeiras projeções cartográficas. Fizeram também os cálculos preliminares a respeito do tamanho do planeta.

Do renascimento ao imperialismo europeu

Entre os séculos XI e XVI, gradativamente a atividade comercial europeia intensificou-se, ao longo do mar Mediterrâneo. Foi retomado o intercâmbio de mercadorias e ideias entre os europeus e os povos do Oriente Médio, Índia e China. Também começaram as Grandes Navegações e a invasão europeia da América.

Planisfério de Cantino, 1502.

O crescimento do comércio e da navegação exigiu a produção de mapas mais precisos. Isso tornou-se possível graças à retomada do conhecimento acumulado pelos antigos gregos e árabes. Então, surgiram os mapas portulanos que apresentam elementos importantes: rosa dos ventos, escala, cidades litorâneas e portos. A cartografia avançava, um dos exemplos foi o surgimento da projeção de Mercator, utilizada para orientar a navegação, que você estudará neste capítulo.

Com a expansão comercial europeia, a partir do século XVI, a maioria dos mapas passou a ser desenhada com o norte como ponto cardeal de referência e com a Europa em posição privilegiada.

Com o avanço do poderio europeu através da colonização das Américas, Oceania, África e Ásia aconteceu o fortalecimento dessa visão de mundo nos séculos posteriores. É por isso que até hoje, quase todos os mapas apresentam o norte na posição superior.

Os mapas passaram a refletir também o sistema econômico, que passou a ser estruturado cada vez mais com base na interdependência entre os lugares. Entre os séculos XVIII e XIX, as potências européias, principalmente o Reino Unido, a França e a Alemanha, estimularam o mapeamento sistemático de seus territórios. No século XX, com o avanço da tecnologia, os mapas tornaram-se cada vez mais precisos e sofisticados, inclusive com o auxílio de fotografias aéreas e imagens de satélite em sua produção.

ATIVIDADES

1 Como era a visão de mundo dos povos que viviam na época em que foi elaborado o mapa pré-histórico de Ga Sur, há 4500 anos?

2 A afirmação a seguir está certa ou errada? Justifique sua resposta.

Os gregos já possuíam, na Antiguidade, noções importantes de cartografia, como os conceitos de equador, paralelos e meridianos, além de já terem conhecimento de que a Terra era esférica.

3 Qual a importância do desenvolvimento da cartografia para as grandes navegações do renascimento comercial?

___
___
___

Perspectiva aérea vertical

Os **mapas** são representações **planas** da superfície do planeta. São obtidos através da perspectiva aérea vertical, isto é, como se estivéssemos sobrevoando o lugar que está sendo desenhado. Observe as paisagens a seguir, no desenho superior, temos uma visão oblíqua da superfície. Abaixo, temos uma visão vertical que permite a produção do mapa da paisagem.

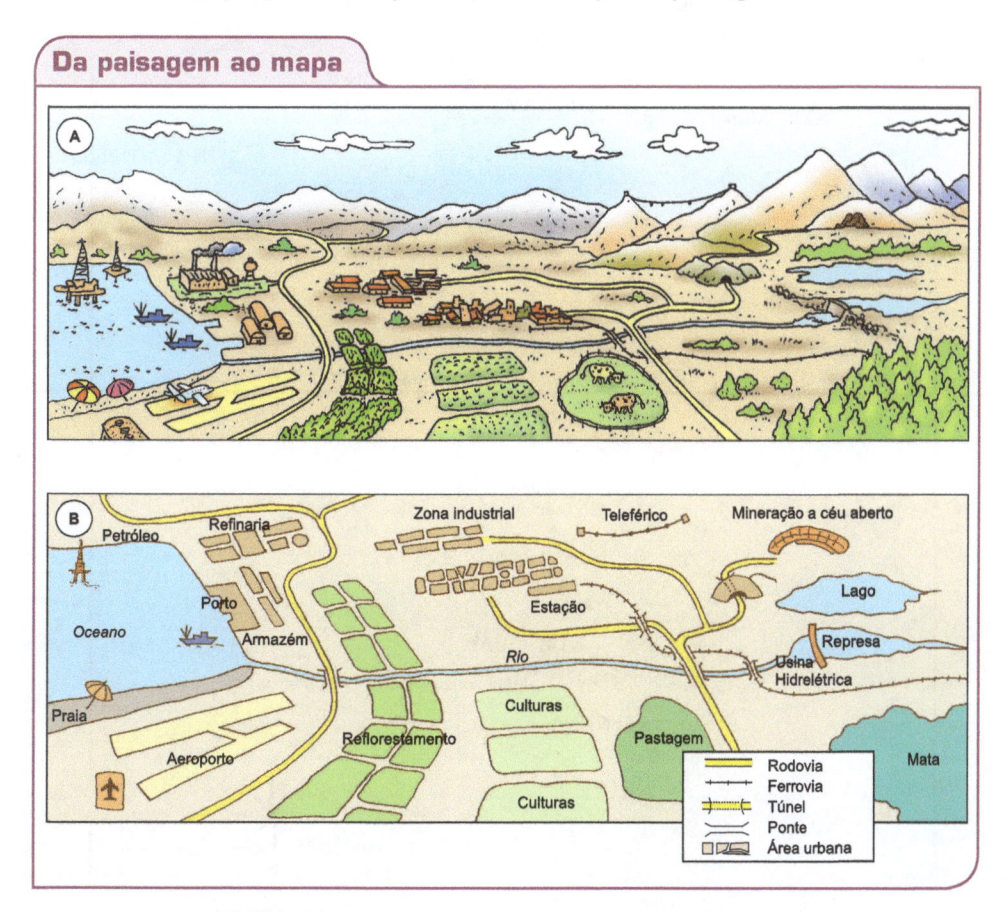

Título

Um mapa não representa todos os elementos da realidade. Geralmente, selecionamos um aspecto específico da superfície a ser representada. O título do mapa explicita o aspecto ou tema que está sendo representado. Por exemplo, se desenharmos um mapa do Brasil, priorizando a distribuição dos rios, o título poderia ser "Brasil – hidrografia".

Símbolos, legenda e fonte

Os aspectos da realidade são representados nos mapas através de símbolos e cores. O significado dos símbolos é encontrado na legenda que costuma acompanhar os mapas. Por exemplo, os rios, lagos e mares costumam ser representados pela cor azul. As altas montanhas são representadas por tons de marrom. Já as áreas baixas e planícies costumam ser representadas por tons de verde.

Para que todas as pessoas possam ler os mapas, esses símbolos e cores foram padronizados em uma linguagem cartográfica universal, chamada convenção cartográfica. Isso quer dizer que qualquer pessoa que conheça o significado dos símbolos e das cores de um mapa poderá lê-lo. No mapa a seguir, a legenda está explicando os estados brasileiros que têm muita gente, os que têm menos gente e os com pouca gente. Veja:

Fonte: IBGE. *Atlas Geográfico Escolar*. Rio de Janeiro: IBGE, 2009.

A orientação do mapa pode ser feita com a rosa dos ventos ou com a direção norte. A partir do norte, os demais pontos cardeais podem ser localizados. Os recursos de orientação auxiliam quem lê o mapa na identificação dos lugares e de sua localização.

Rosa dos ventos   Norte geográfico

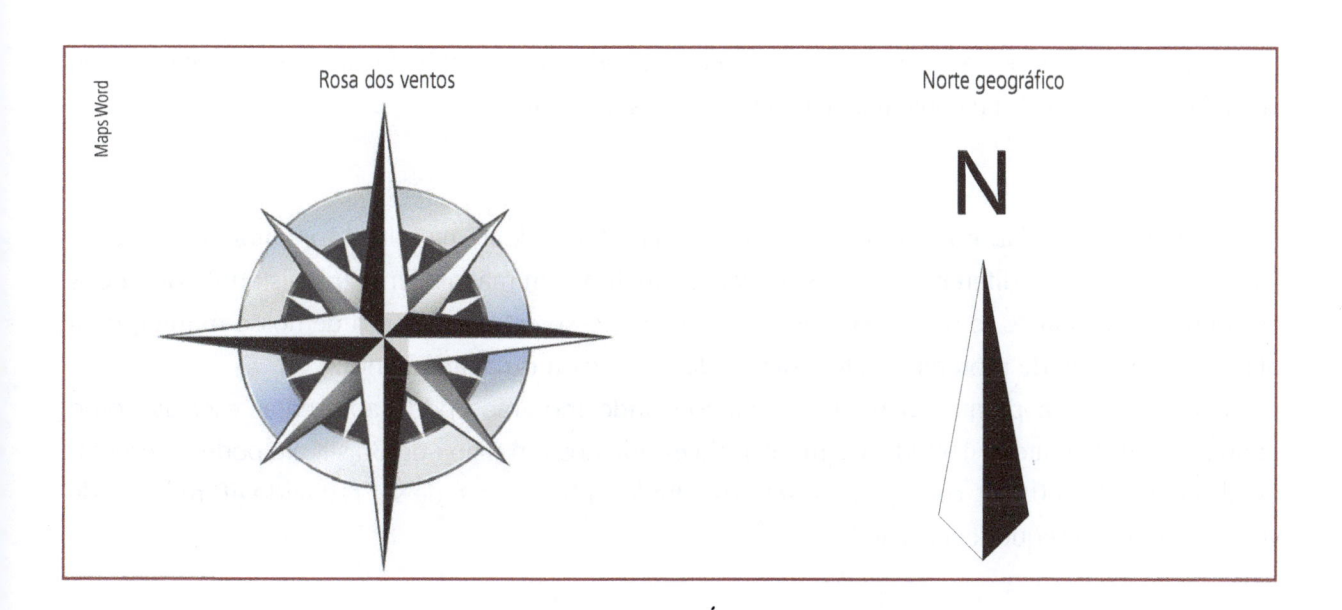

Muitos mapas também apresentam a fonte de onde se obtiveram as informações que permitiram a produção do mapa. Por exemplo, grande parte das informações que encontramos nos mapas do Brasil de diferentes temas apresenta como fonte principal o Instituto Brasileiro de Geografia e Estatística, (IBGE).

Escala

Os mapas, fotografias aéreas e imagens enviadas por satélites são desenhos em escala reduzida da superfície real do planeta. Não existe nenhum mapa do tamanho da realidade que ele representa.

A **escala** mostra quantas vezes a realidade foi reduzida para caber no mapa. Os mapas podem apresentar escalas numéricas e gráficas. A **escala numérica** é representada por uma fração. Por exemplo, numa escala 1: 1000, 1 cm (numerador) medido no mapa equivale na realidade a 1000 cm (denominador) na realidade. Ou seja, a realidade foi reduzida 1000 vezes para ser representada em um mapa.

Os mapas também podem representar uma **escala gráfica**. Ela é representada por um segmento de reta dividido em milímetros ou centímetros, com o correspondente em quilômetros verificado no mapa.

Para representar qualquer elemento numa superfície plana precisamos reduzi-lo e trabalhar com escalas gráficas ou numéricas. A escala permite manter a proporção do objeto representado. Com o uso de escalas podemos saber quantas vezes o lugar representado foi reduzido. Também podemos saber, a partir do mapa, qual é o tamanho real do que foi representado na superfície terrestre. Quanto maior a escala, mais detalhes podem ser vistos e representados. Quanto menor a escala, menor será o detalhamento na representação.

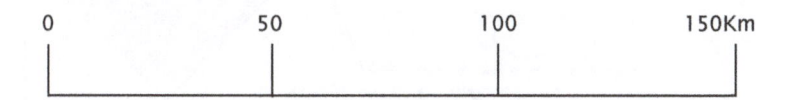

0   50   100   150Km

Escala numérica: 1:5.000.000 significa que 1 centímetro no mapa representa 5.000.000 centímetros (5 km) da superfície terrestre.

Escala gráfica: A escala 1:5.000.000 significa que 1 centímetro no mapa representa 5.000.000 centímetros (5 km) na superfície da Terra.

O mapa é uma representação do espaço com uma redução da realidade não só em relação ao seu tamanho, como também na quantidade de informações que apresenta.

As diferentes escalas

Em nosso dia a dia, nos jornais, nas revistas, na internet e até na televisão, entramos em contato com mapas com diferentes escalas. Podemos analisar um mapa-múndi (planisfério) com todos os continentes e países, o mapa do Brasil, o mapa de nosso estado, o mapa de nosso município, a planta do bairro onde moramos e até a planta da nossa casa ou apartamento.

Por exemplo, a planta do bairro da cidade onde moramos pode apresentar escalas como 1: 500, 1: 1000 ou até 1: 10000. Porém, quando estudamos um mapa do Brasil, ele pode apresentar escalas como 1: 400 000, ou seja, para ser desenhado, o Brasil teve de ser reduzido 40 milhões de vezes. Observe a sequência a seguir.

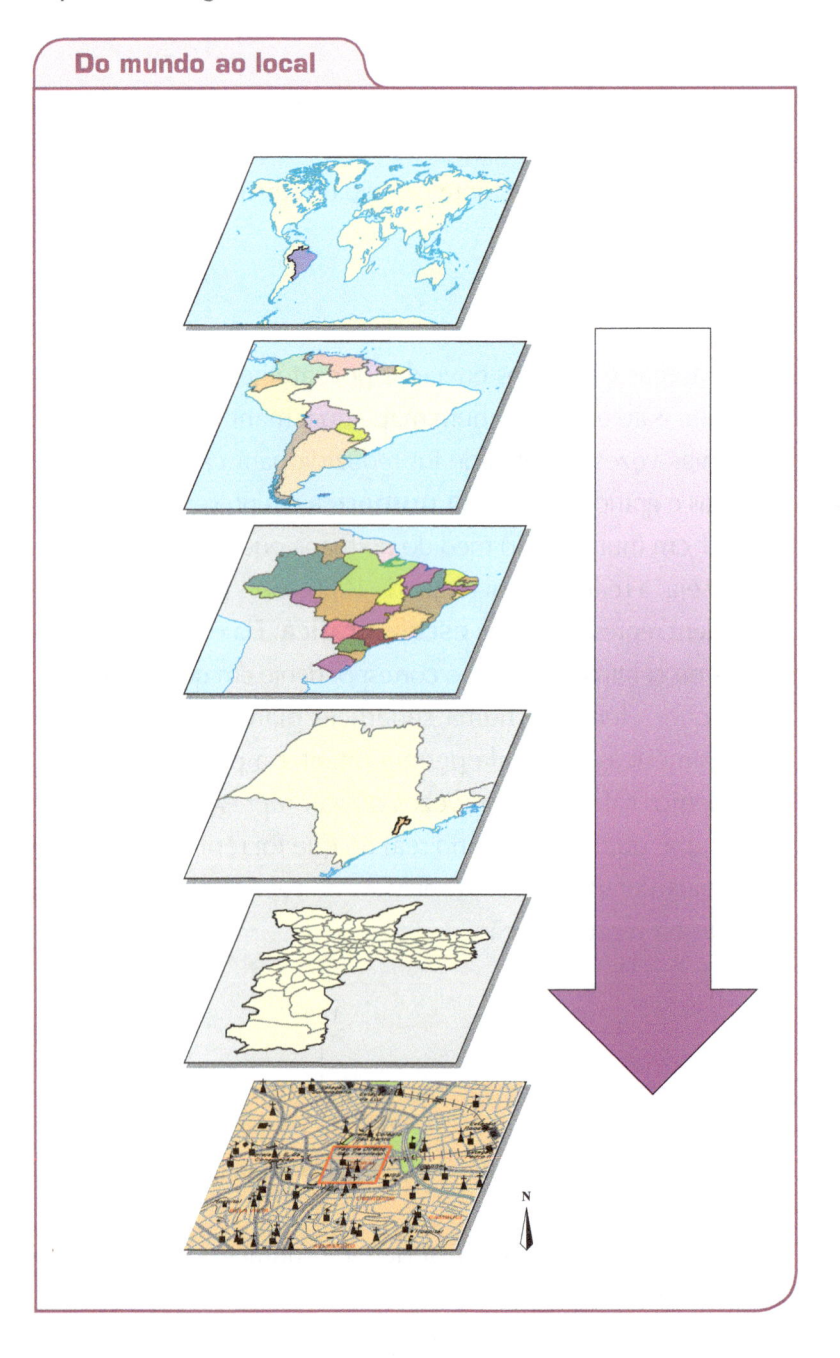

Do mundo ao local

Plantas

Quando queremos representar um espaço pequeno, como uma casa, um apartamento, um edifício ou um clube, fazemos uma planta do lugar. As plantas têm um nível de detalhamento grande, com mais detalhes do que podemos ver em um mapa.

Maquetes

As maquetes representam elementos do espaço que já existem ou que serão construídos e feitos em três dimensões (altura, largura e profundidade). Elas são construídas com escala e devem representar fielmente a disposição que estão ou terão no espaço real.

Maquete de um bairro.

ATIVIDADES

1 Quais são os elementos básicos que devem constar em um mapa?

_____
_____
_____
_____

2 A representação a seguir poderia ser considerada um mapa? Justifique sua resposta.

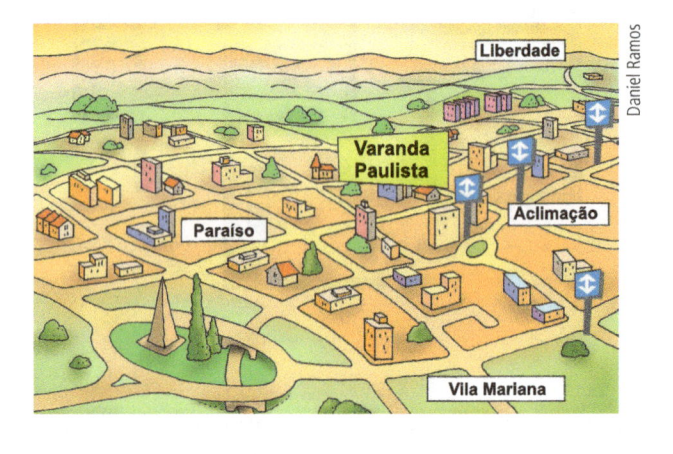

_____
_____
_____
_____
_____
_____

3 Qual o significado de um mapa na escala 1: 10 000?

_____
_____
_____
_____
_____

4 A partir da interpretação das plantas A, B e C, responda aos itens.

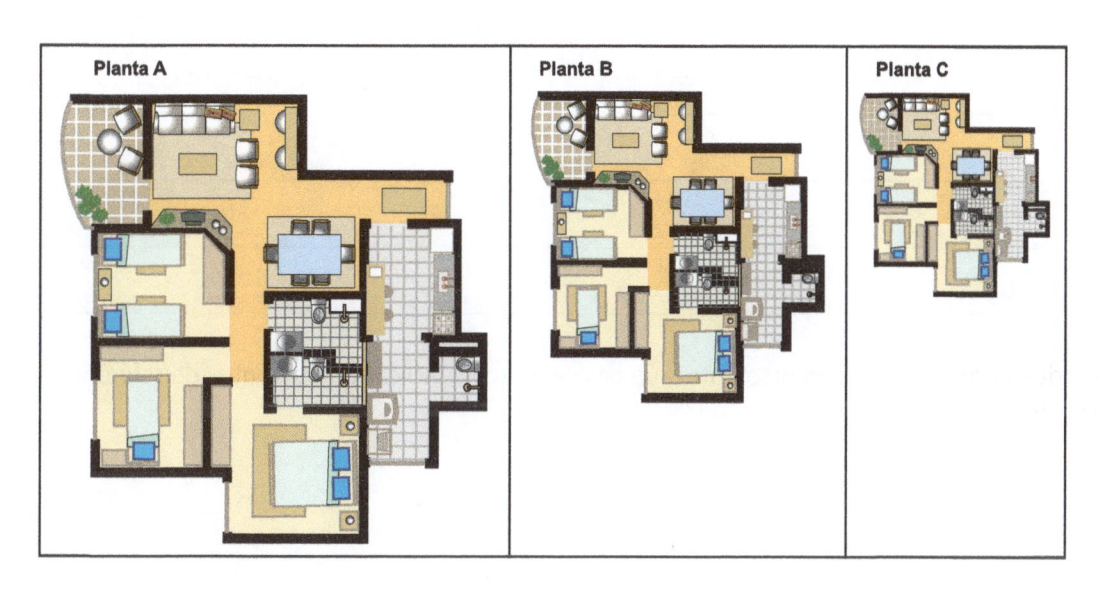

| Planta A | Planta B | Planta C |

a) As imagens representam lugares diferentes? Justifique sua resposta.

_____
_____
_____

b) Qual das plantas é visualizada de uma distância maior? Justifique.

_____
_____
_____

c) Qual a planta que permite visualizar melhor os detalhes? Justifique.

_____
_____
_____
_____

d) Qual a planta com as informações mais generalizadas?

_____
_____
_____

71

e) As plantas apresentam características de um mapa?

_____
_____
_____
_____
_____

5 Produza um mapa do percurso entre sua casa e a escola indicando os pontos de referência do trajeto.

6 Numa cartolina, desenhe a planta de sua casa. Lembre-se de elementos básicos, como o título, os símbolos e a legenda.

Projeções cartográficas

Para desenhar a superfície curva da Terra numa superfície plana do mapa utilizam-se as projeções cartográficas. Porém, nesta transformação, do globo para o plano, acontecem algumas distorções. Desse modo, não existem mapas perfeitos, todos apresentam algum grau de distorção.

De que maneira, o globo terrestre pode ser transformado na superfície plana do mapa? Pois bem, existem três tipos básicos de projeções: planas, cônicas e cilíndricas.

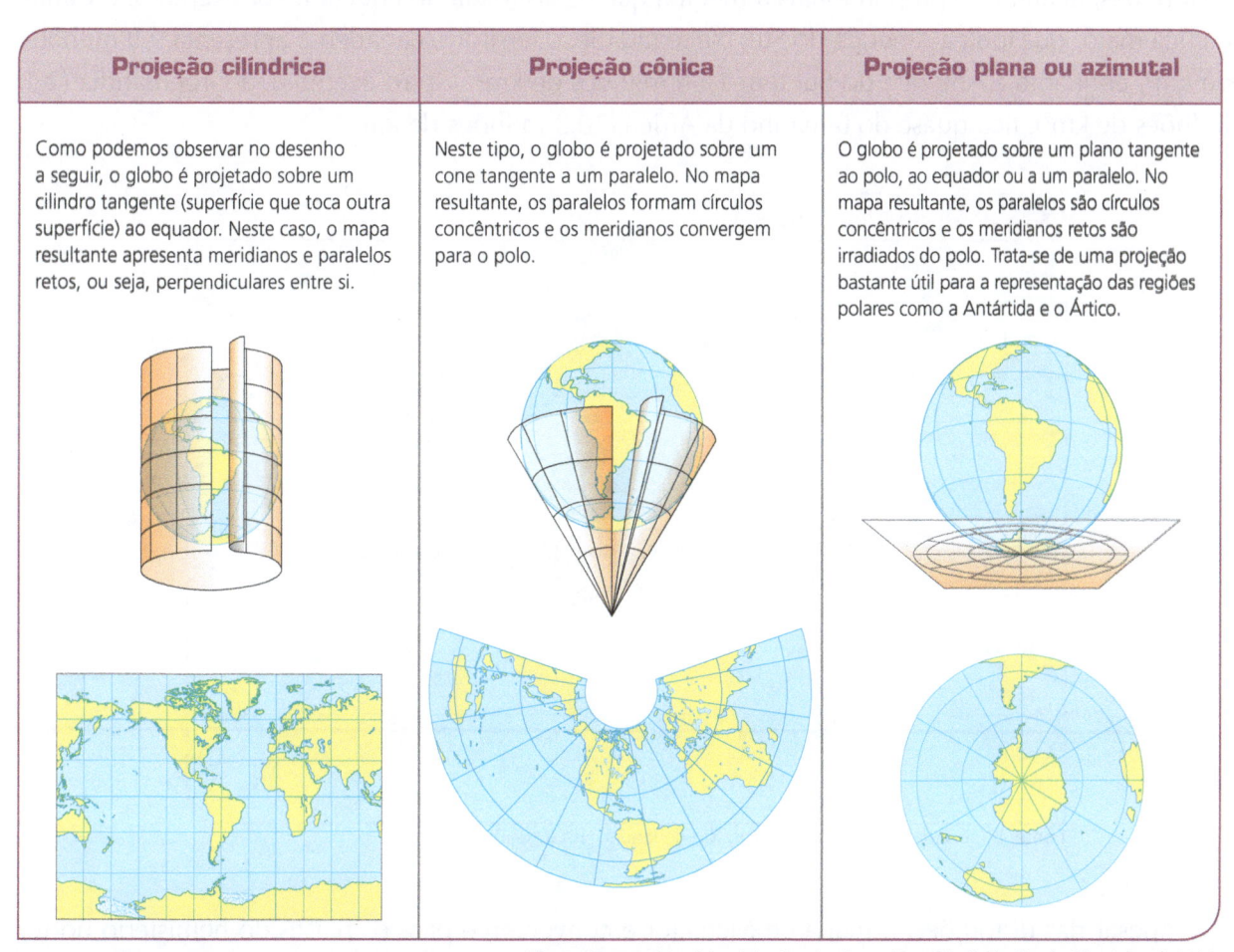

Projeção cilíndrica	Projeção cônica	Projeção plana ou azimutal
Como podemos observar no desenho a seguir, o globo é projetado sobre um cilindro tangente (superfície que toca outra superfície) ao equador. Neste caso, o mapa resultante apresenta meridianos e paralelos retos, ou seja, perpendiculares entre si.	Neste tipo, o globo é projetado sobre um cone tangente a um paralelo. No mapa resultante, os paralelos formam círculos concêntricos e os meridianos convergem para o polo.	O globo é projetado sobre um plano tangente ao polo, ao equador ou a um paralelo. No mapa resultante, os paralelos são círculos concêntricos e os meridianos retos são irradiados do polo. Trata-se de uma projeção bastante útil para a representação das regiões polares como a Antártida e o Ártico.

Fonte: Barreto, Mauricio. *Atlas Escolar Geográfico*. São Paulo: Escala Educacional, 2010.

Qualidades e distorções das projeções

Existem diferentes tipos de projeções. Algumas apresentam como qualidade a preservação dos contornos dos lugares e territórios. Outras priorizam a preservação correta das áreas proporcionais. As projeções **conformes** preservam as formas dos territórios, mas distorcem as áreas. As projeções **equivalentes** preservam as áreas, porém distorcem as formas. As projeções equivalentes são ideais para a representação da distribuição geográfica de fenômenos naturais e socioeconômicos. Já as projeções **equidistantes** preservam as distâncias entre os lugares.

Mercator e Peters

Os mapas são desenhos da superfície terrestre cujas características dependem da época histórica e a cultura na qual foram produzidos. Os mapas estão repletos de visões de mundo e posições políticas a respeito do espaço geográfico.

Um período importante no desenvolvimento da cartografia foi o das grandes navegações, quando o Brasil foi descoberto. Em 1569, em plena expansão marítima europeia, Geraldo Mercator elaborou um método de produzir mapas a partir de uma projeção cilíndrica.

No mapa a seguir, temos o mundo representado a partir da projeção cilíndrica, conforme Mercator. Os paralelos e meridianos conservam ângulos de 90°, sendo utilizada até hoje na navegação marítima e aeronáutica. As formas dos continentes e países são preservadas. Porém, as áreas são distorcidas, ficando desproporcionais à medida que se distancia do equador. Por exemplo, o Canadá fica maior que toda a América do Sul. Na realidade, o território canadense apresenta 9,9 milhões de km², enquanto a América do Sul tem 17,6 milhões de km². Outro exemplo, a Groenlândia (2,1 milhões de km²), fica quase do tamanho da África (30,3 milhões de km²).

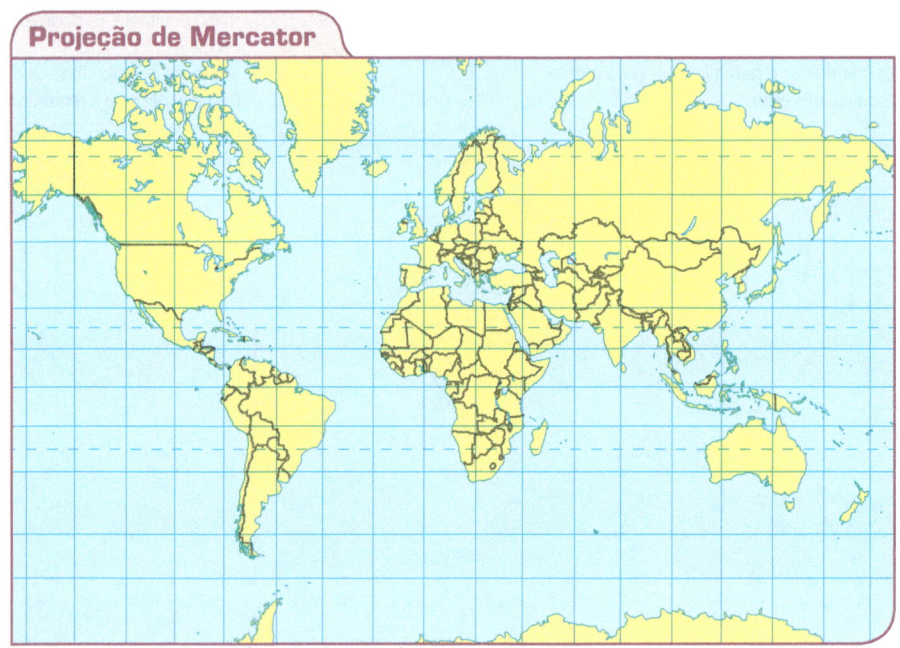

Projeção de Mercator

Fonte: IBGE. *Atlas Geográfico Escolar*. Rio de Janeiro: IBGE, 2009.

Apesar das distorções, o mapa de Mercator é conveniente para os países do hemisfério norte, inclusive as nações ricas, como o Canadá, os Estados Unidos e alguns países europeus. Quando um aluno canadense estuda um mapa-múndi na projeção de Mercator, pode formar uma imagem falsa a respeito do tamanho de seu país.

Em 1973, o alemão Arno Peters elaborou uma projeção cartográfica que permitiu uma visão diferente do mundo. A projeção cilíndrica equivalente de Peters, apresentada a seguir, preserva as áreas proporcionais entre continentes e países. Nela, o Brasil apresenta sua área proporcional real em relação ao restante do mundo. A única desvantagem é que distorce as formas. Veja que alguns países, como a Rússia e o Canadá, ficam "esticados". No mapa de Peters, o Canadá apresenta sua área proporcional real, portanto bem menor que a América do Sul. Observe que a Groenlândia é muito menor que a África.

A projeção de Peters faz justiça com relação ao tamanho dos países. Representando o tamanho proporcional real, a projeção de Peters acaba valorizando os países pobres, distribuídos pela América Latina, África e Ásia. Desse modo, é a projeção mais adequada para a representação dessas áreas.

Projeção de Peters

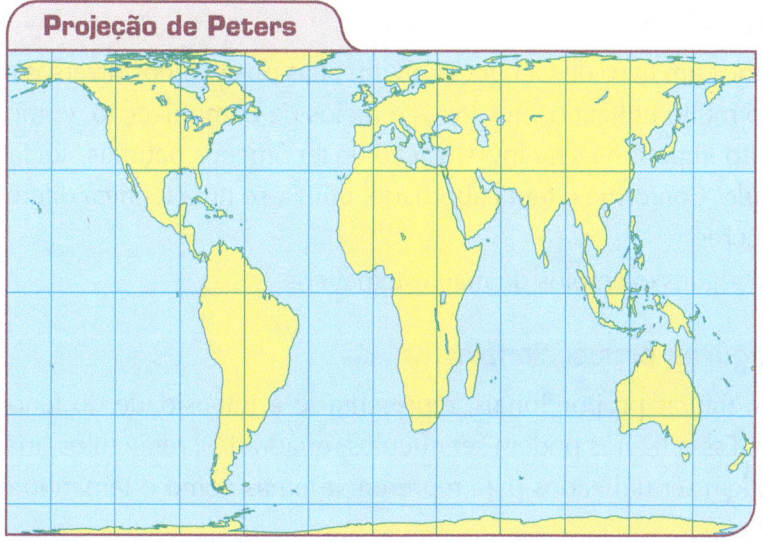

Fonte: Ferreira, Graça Maria Lemos. *Atlas Geográfico Espaço Mundial*. São Paulo: Moderna, 2010.

ATIVIDADES

1 Quais são os tipos de projeções cartográficas?
_____
_____

2 Quais as características da projeção de Mercator?
_____
_____
_____
_____
_____
_____

3 Quais são as características da projeção de Peters? Comparando com a projeção de Mercator, por que a de Peters é mais adequada para representar os países da América do Sul e da África?
_____
_____
_____

Mapas temáticos

Quando estudamos um livro de Geografia ou um atlas observamos diversos tipos de mapas. Os mapas temáticos são muito utilizados nos livros e meios de comunicação, como jornais, revistas e televisão, sendo muito importantes na investigação de fenômenos naturais, sociais, políticos e econômicos da atualidade. Conforme o tema abordado, utiliza-se uma técnica diferente para a escolha dos símbolos e das cores.

A seguir, analise alguns exemplos de mapas temáticos.

Mapas com figuras proporcionais

Nos mapas com figuras proporcionais, representa-se a intensidade do fenômeno conforme o tamanho das figuras. Essas figuras podem ser círculos, quadrados, retângulos, triângulos.

Esses mapas podem ser utilizados para representar temas como o tamanho da população e da produção econômica.

No exemplo a seguir, as bolas representam a população das maiores cidades do Brasil. As bolas menores representam as cidades entre 100 e 499 mil habitantes. Os maiores círculos representam as cidades com mais de 2 milhões de habitantes, a exemplo de São Paulo, Rio de Janeiro e Salvador.

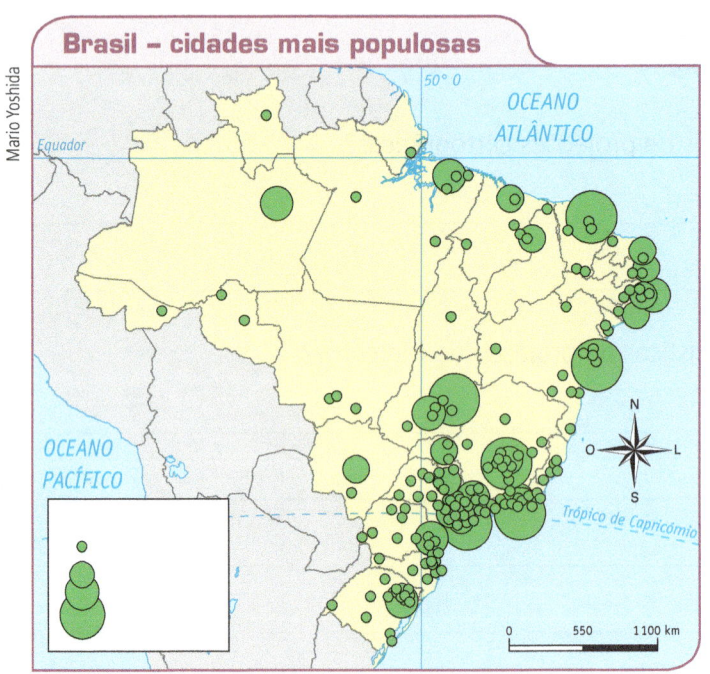

Brasil – cidades mais populosas

Fonte: IBGE. *Atlas Geográfico Escolar*. Rio de Janeiro: IBGE 2009.

Mapas coropléticos

Os mapas coropléticos utilizam uma gradação de cores para representar a intensidade de um determinado fenômeno. As cores mais fortes normalmente são utilizadas para representar os lugares onde o fenômeno apresenta maior intensidade. As cores mais claras correspondem às áreas onde o fenômeno apresenta menor intensidade.

No exemplo a seguir, o Brasil está dividido em estados. O tema do mapa é o porcentual de famílias que ganham até ½ salário mínimo. Na legenda, a cor mais clara indica os estados onde menos de 7% das famílias ganham até ½ salário mínimo, é o caso de Santa Catarina, Paraná e Distrito Federal. No outro extremo, a cor mais escura indica os estados mais pobres onde mais de 40% das famílias ganham até ½ salário mínimo, é o caso de Ceará, Bahia e Piauí.

Brasil – rendimento mensal familiar per capita até ½ salário mínimo

% ☐ menos de 7   ☐ de 7,0 a 20,0   ☐ de 20,1 a 30,0   ☐ de 30,1 a 40,0   ☐ mais de 40,0

Fonte: Com base em Ferreira, Graça Maria Lemos. *Atlas Geográfico Espaço Mundial*. São Paulo: Moderna, 2010.

ATIVIDADES

1 Como são chamados os mapas com gradação de cores?

_____

2 Produza um texto identificando os tipos de mapas apresentados a seguir. Comente a evolução da população dos estados brasileiros a partir da interpretação dos mapas.

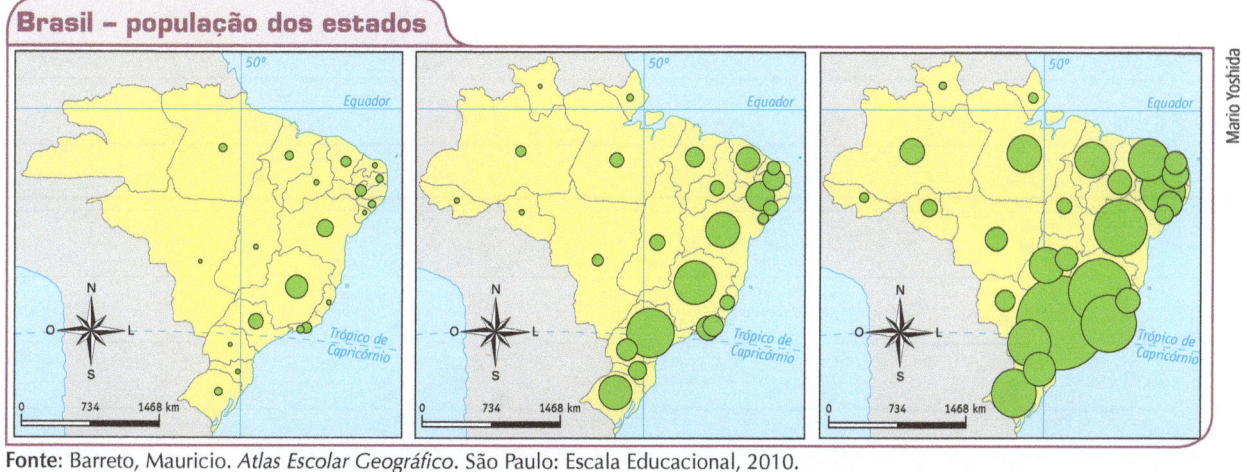

Brasil – população dos estados

Fonte: Barreto, Maurício. *Atlas Escolar Geográfico*. São Paulo: Escala Educacional, 2010.

_____
_____
_____
_____
_____
_____
_____
_____

77

3 Interprete o mapa a seguir, considerando os seguintes aspectos: ausência de elementos básicos dos mapas e distribuição geográfica do tema tratado no mapa.

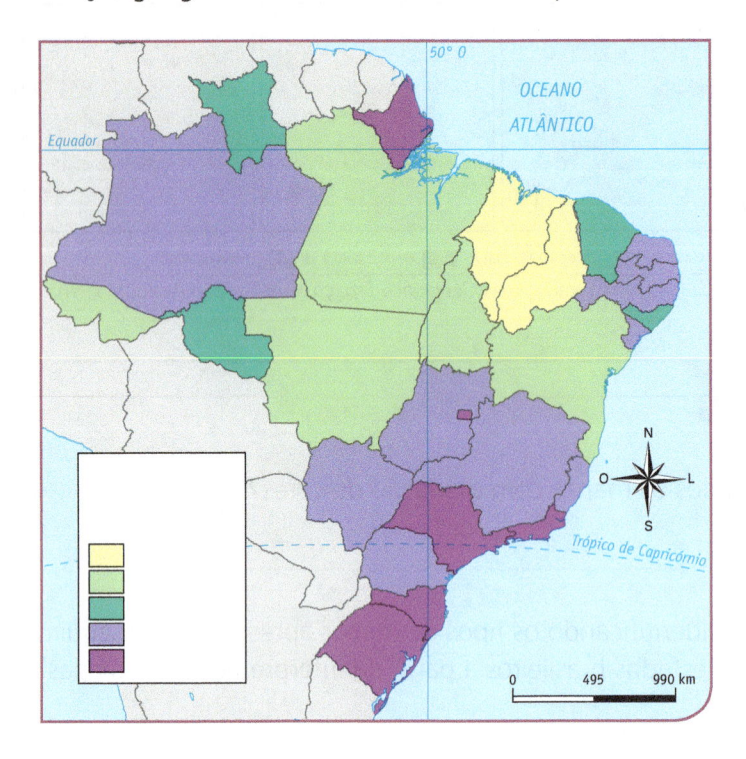

_____
_____
_____
_____
_____
_____
_____
_____
_____
_____
_____
_____
_____
_____
_____

Gráficos

Os gráficos são bastante utilizados no dia a dia para estudar fenômenos naturais, sociais e econômicos. Eles são produzidos a partir de dados estatísticos provenientes de diversas áreas do conhecimento. Observe, a seguir, vários tipos de gráficos.

Gráfico de linha (Brasil – população)

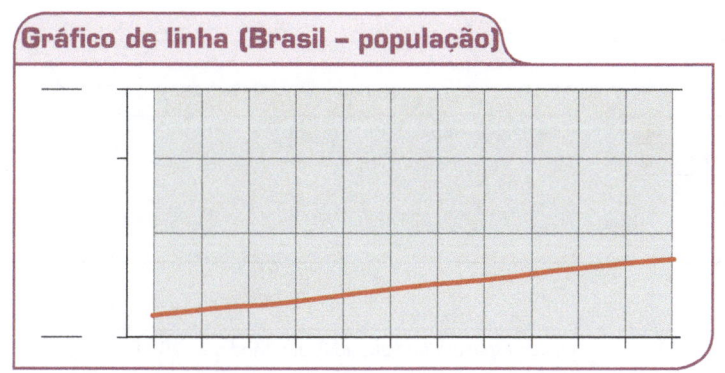

Fonte: Ferreira, Graça Maria Lemos. *Atlas Geográfico Espaço Mundial*. São Paulo: Moderna, 2010.

Gráfico de barras (População e produção mundial)

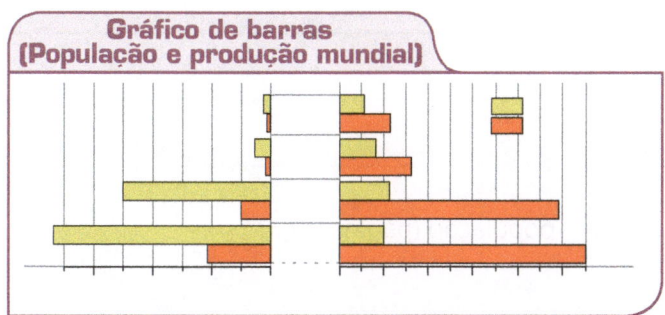

Fonte: Ferreira, Graça Maria Lemos. *Atlas Geográfico Espaço Mundial*. São Paulo: Moderna, 2010.

Gráfico de pizza (População – parte do total mundial)

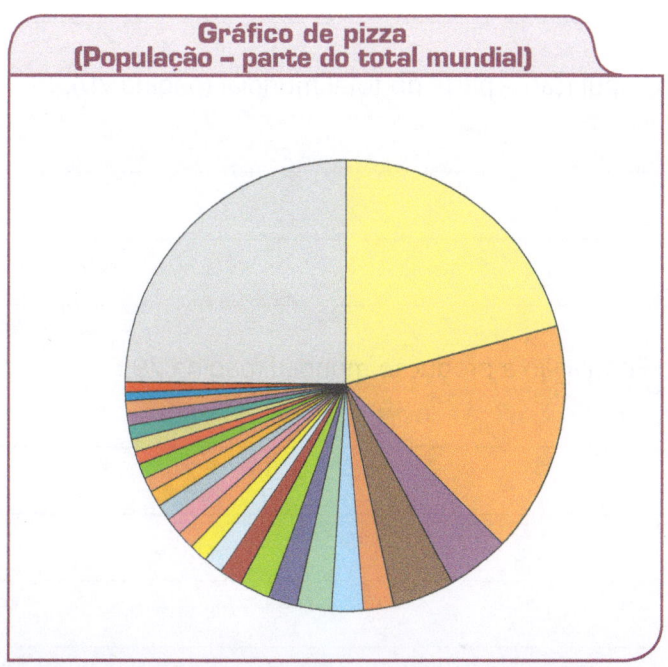

Fonte: Ferreira, Graça Maria Lemos. *Atlas Geográfico Espaço Mundial*. São Paulo: Moderna, 2010.

79

ATIVIDADES

1 Produza um texto a partir da interpretação do gráfico a seguir.

Continentes – população e superfície

Fonte: Ferreira, Graça Maria Lemos. *Atlas Geográfico Espaço Mundial*. São Paulo: Moderna, 2010.

_____
_____
_____
_____

2 Interprete o gráfico Brasil – população (página 79).

_____
_____
_____

3 Interprete o gráfico População – parte do total mundial (página 79).

_____
_____
_____

4 Interprete o gráfico População e produção mundial (página 79).

_____
_____
_____
_____
_____

5 Construa um gráfico de barras a partir dos dados da tabela a seguir:

Regiões metropolitanas – percentual de domicílios urbanos com acesso a serviços de iluminação elétrica, telefone fixo, computador, geladeira, televisão em cores e máquina de lavar									
Regiões metropolitanas	Belém	Fortaleza	Recife	Salvador	Belo Horizonte	Rio de Janeiro	São Paulo	Curitiba	Porto Alegre
%	12,9	9,8	13,3	17,0	24,5	29,7	36,3	36,4	29,3

Fonte: IBGE. *Pesquisa Nacional por Amostra de Domicílios*, 2007.

6 Com a orientação do professor, elabore um mapa coroplético utilizando os dados a seguir:

Expectativa de vida em anos nos estados do Brasil					
Região Sul		Região Sudeste		Região Centro-Oeste	
Santa Catarina	75,3 anos	Minas Gerais	74,6 anos	Distrito Federal	75,3 anos
Rio Grande do Sul	75,0 anos	São Paulo	74,2 anos	Mato Grosso	73,1 anos
Paraná	74,1 anos	Espírito Santo	73,7 anos	Mato Grosso do Sul	73,8 anos
		Rio de Janeiro	73,1 anos	Goiás	73,4 anos
Região Norte			Região Nordeste		
Pará	72,0 anos		Bahia		72,0 anos
Amazonas	71,6 anos		Sergipe		70,9 anos
Acre	71,4 anos		Rio Grande do Norte		70,4 anos
Tocantins	71,3 anos		Ceará		70,3 anos
Rondônia	71,2 anos		Paraíba		69,9 anos
Amapá	70,4 anos		Piauí		68,9 anos
Roraima	69,9 anos		Pernambuco		68,3 anos
			Maranhão		67,3 anos
			Alagoas		66,8 anos

Fonte: IBGE. *Síntese de Indicadores Sociais. Uma análise das condições de vida da população brasileira.* Rio de Janeiro, 2008.

Instruções:

a) Agrupe os estados brasileiros em três grupos:
   - 1º: de 65 até 70 anos;
   - 2º: de 70 até 73 anos;
   - 3º: de 73 até 75 anos.

b) Selecione uma cor com três gradações (clara, média e escura). Um tom para o 1º grupo, outro para o 2º grupo e um último para o 3º grupo. Mostre para o professor as cores que você escolheu e, caso ele as aprove, continue a atividade.

c) Escolhidas as cores, pinte o mapa. Cada grupo de estados com uma cor.

d) Lembre-se de que você deverá criar um título para o mapa, que deve ter legenda e fonte.

Legenda:

7 Escreva sobre a função das cores na interpretação do mapa a seguir. Se você estivesse no governo, o que você faria para mudar a realidade da educação no Brasil a partir das informações presentes no mapa?

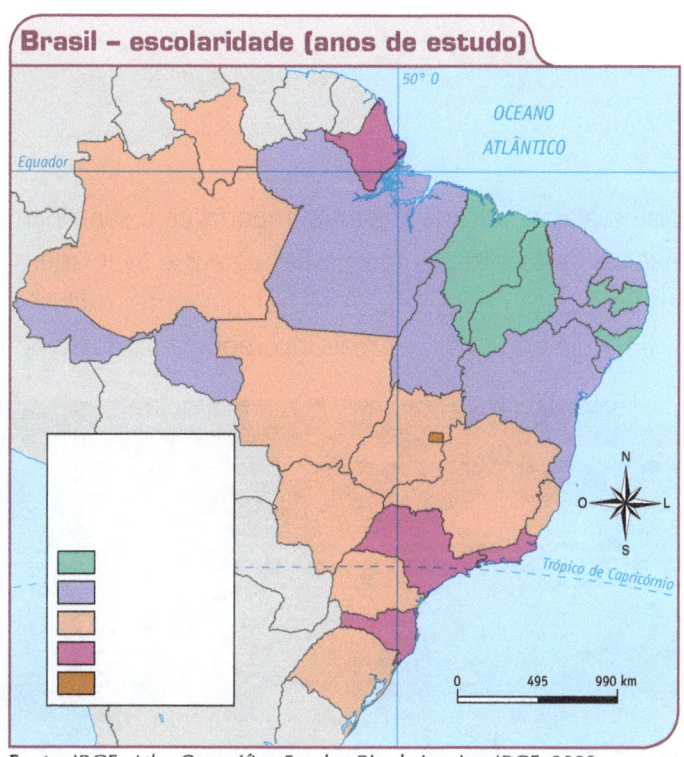

Brasil – escolaridade (anos de estudo)

Fonte: IBGE. *Atlas Geográfico Escolar*. Rio de Janeiro: IBGE, 2009.

83

Capítulo 6

IMAGENS DE SATÉLITE, FOTOS AÉREAS E IMAGENS DE RADAR

Na atualidade é cada vez mais importante o sensoriamento remoto, ou seja, as imagens de satélite, as fotografias aéreas e as imagens de radar no conhecimento do espaço geográfico. A tecnologia, antes exclusiva a projetos militares e espaciais, hoje está cada vez mais incorporada ao nosso cotidiano.

Imagem de satélite do Planeta Terra.

O avanço da tecnologia

A partir do século XX, os mapas se tornaram cada vez mais precisos e sofisticados devido ao avanço da ciência e da tecnologia. Em parte, esses avanços decorrem do uso da informática e do sensoriamento remoto.

O sensoriamento remoto constitui uma técnica de obtenção de imagens da superfície do planeta através de fotografias e sensores eletrônicos. São três tipos de imagens: fotografias aéreas, imagens de radar e imagens de satélite.

Essas imagens são utilizadas no estudo do meio ambiente, na análise das atividades humanas na superfície terrestre e na produção de mapas. Hoje, essas imagens são muito importantes no planejamento realizado pelo governo, pelas indústrias e pelas propriedades rurais.

É cada vez maior o uso de computadores na produção de mapas. Destacam-se os Sistemas de Informação Geográfica (SIG). Esses sistemas armazenam em computadores uma enorme quantidade de informações sobre a sociedade e a natureza. O SIG auxilia na produção de mapas e na interpretação de imagens de satélite e de radar.

O GPS

O Global Position System, em português: Sistema de Posicionamento Global (GPS), é um sistema sofisticado de localização geográfica. Ele permite a localização em qualquer ponto da superfície terrestre utilizando as coordenadas geográficas, informando a latitude e a longitude exata. Esse sistema, criado para a navegação usa sinais emitidos por um conjunto de satélites artificiais em órbita, sendo utilizado para posicionamento no mar, ar e superfície.

Imagem de GPS sendo utilizado no trânsito.

Você sabia?

Após ser informada sobre desaparecimento da menina Natalie Maltais, a polícia da cidade de Athol, no estado americano de Massachusetts, entrou em contato com a operadora de telefonia (...), que passou a dar as coordenadas de GPS sobre sua localização cada vez que seu celular era usado.
Desde 2005, a legislação americana estabelece que as operadoras de telefonia celular devem ser capazes de localizar 67% de seus usuários num raio de 100 metros e 95% num raio de 300 metros.
Com as coordenadas em mãos, o policial Todd Neale entrou em contato com o bombeiro Thomas Lozier, que já havia usado o GPS para guiar equipes em combate a incêndios na floresta e também para localizar caminhantes perdidos em trilhas da região. (...)

A avó de Natalie, Rose Maltais, havia buscado a menina na casa de seus guardiões legais para passar o fim de semana com ela.

No entanto, logo depois, a avó disse que não devolveria a menina e deixou o estado de Massachusetts (...). A polícia chegou a tentar entrar em contato com a avó, mas como ela não devolveu a menina no dia combinado, os policiais resolveram rastrear sua localização com o uso de GPS.

Disponível em: <www.estadao.com.br/noticias/geral,policia-usa-google-para-encontrar-menina-desaparecida,305040,0.htm>.
Acesso em: jul. 2012.

Fotografias aéreas

A primeira fotografia aérea foi tirada de um balão, em Paris, no ano de 1855. Desde esse período, o uso de fotos aéreas tem contribuído para o conhecimento do espaço geográfico. Hoje são utilizadas para a elaboração de mapas detalhados de áreas urbanas e rurais.

As fotografias aéreas são importantes para investigar o uso e ocupação do solo, a identificação de problemas ambientais e planejamento. Como as fotos são tiradas de aviões, um dos principais problemas é a interferência das nuvens. A nebulosidade pode dificultar a obtenção das fotos.

Fotografia aérea.

ATIVIDADES

1 O sensoriamento remoto é integrado por quais tipos de imagens?

2 Qual é a importância das fotografias aéreas?

3 Qual é a importância do GPS no cotidiano das pessoas nos dias de hoje?

Imagens de radar

As imagens de radar são produzidas com sensores colocados em aeronaves e ônibus espaciais. A vantagem desse sistema é que nele não há interferência de nuvens.

O radar é um sistema ativo, que emite ondas eletromagnéticas até uma superfície, através de uma antena transmissora e receptora. Ou seja, envia e depois recebe de volta a energia refletida pela superfície. A energia é transformada e registrada em fitas magnéticas ou filmes. As imagens de radar são importantes para o mapeamento do relevo e da hidrografia, auxiliando o planejamento ambiental e econômico.

Imagem de radar.

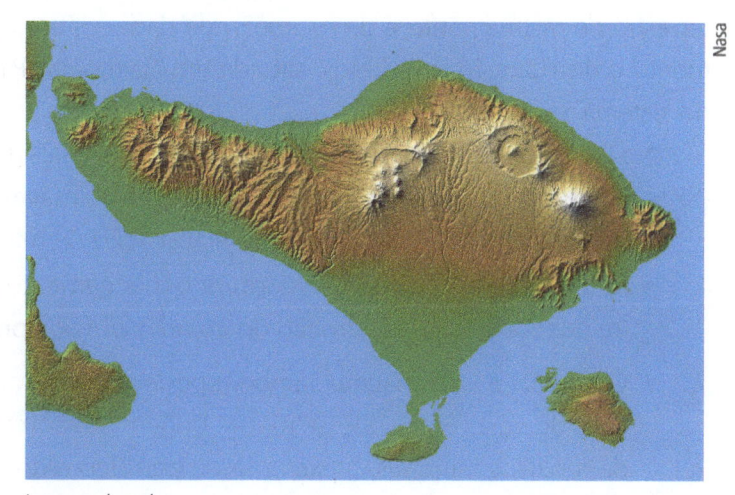

A imagem de radar ao lado foi tirada pelo ônibus espacial estadunidense da NASA. Ela representa a ilha de Bali, importante centro turístico da Indonésia. As áreas "enrugadas" de cor marrom, na imagem, apresentam maior altitude. Os topos com coloração branca são áreas mais elevadas e correspondem aos vulcões. A área mais lisa (verde) no entorno da ilha é dominada por planícies.

Imagens de satélite

As imagens de satélite são tomadas por sensores colocados em satélites artificiais em órbita do planeta Terra. Essas imagens são aproveitadas para diversas finalidades, sendo fundamentais para a produção de mapas de excelente qualidade.

Uma imagem de satélite é formada por um conjunto de pontos (pixels). A resolução espacial pode chegar a 30 × 30 m no terreno, no caso dos satélites estadunidenses Landsat 5 e 7. O satélite francês Spot possui resolução ainda maior, de 10 × 10 m no terreno. Hoje, satélites ainda mais precisos são empregados com objetivos militares.

O mais importante sistema utilizado no mundo é o Landsat, desenvolvido pelos Estados Unidos a partir da National Aeronautics and Space Administration (NASA). O Landsat 1 foi lançado em 1972. Os dados obtidos pelos satélites são transferidos para uma estação terrestre, sendo processados e utilizados por diversos especialistas. No que se refere ao Landsat 5:

- suas órbitas ao redor da Terra são circulares e encontram-se a 705 km de altitude;
- cada satélite demora cerca de 98 minutos para completar sua órbita;
- cada satélite demora dezesseis dias para cobrir toda a Terra.

CBERS em órbita.

O Brasil utiliza informações do sistema Landsat desde 1973. O país conta com uma estação terrestre de rastreamento e de recepção de dados, situada em Cuiabá (MT), e outra para processamento e distribuição dos dados, situada em Cachoeira Paulista (SP). O país também recebe dados do sistema Spot desde 1986.

No Brasil, o Instituto Nacional de Pesquisas Espaciais (INPE), localizado em São José dos Campos-SP, é a instituição mais importante na utilização de imagens de satélite para sensoriamento remoto.

As imagens de satélite auxiliam na elaboração de mapas e apresentam diversas finalidades:

- Relevo: as imagens podem permitir o mapeamento das formas de relevo da superfície terrestre auxiliando na construção de grandes obras, como rodovias e ferrovias.

- Geologia: essas imagens também podem melhorar os conhecimentos sobre os tipos de rochas de uma região. Desse modo, podem auxiliar na descoberta, mapeamento e exploração de recursos minerais, a exemplo do petróleo e do minério de ferro.

- Meteorologia: as imagens de satélite são fundamentais para fazer previsão do tempo atmosférico. Podemos vê-las todos os dias nos noticiários de televisão. Imagens da atmosfera são fornecidas por satélites como o Noaa (1500 km de altitude, ciclo orbital de 12 dias com área coberta de 3000 km) e Goes (36000 km, ciclo orbital de 30 minutos com área coberta de todo o hemisfério). A previsão de tempo é importante em nosso dia a dia, para atividades como a agricultura, que depende da ocorrência de chuvas, e para prevenir as consequências de fenômenos que causam danos, como os furacões.

Imagem de satélite meteorológico representa nuvens sobre a América do Sul e trechos dos Oceanos Atlântico e Pacífico.

- Ecologia: as imagens de satélite são usadas no conhecimento e conservação do meio ambiente. Utilizando essas imagens, podemos monitorar e combater as queimadas e os desmatamentos em florestas como a Amazônia. Porém, muitas vezes depende de quem as utiliza. Na Amazônia, madeireiros já estão usando imagens de satélite para escolher as áreas de floresta que vão ser derrubadas.

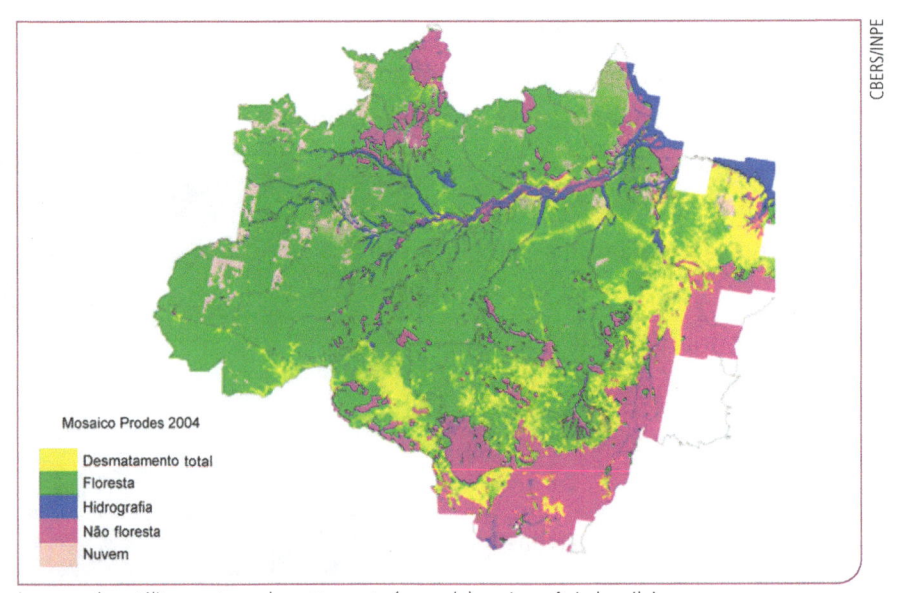

Imagem de satélite mostra o desmatamento (amarelo) na Amazônia brasileira.

- Agropecuária e uso do solo: as imagens podem mostrar como o espaço geográfico é utilizado pela sociedade. Ou seja, a distribuição das áreas com diferentes usos do solo em zonas rurais: cultivos agrícolas, pastagens e florestas. As imagens auxiliam no mapeamento dos tipos de cultivo, previsão de safras e definição de áreas que necessitam de irrigação.

Imagem de satélite, uso do solo, agricultura.

- Planejamento urbano: as imagens também podem ser aproveitadas para estudarmos as cidades, a exemplo do crescimento de grandes metrópoles como São Paulo e Rio de Janeiro.
- Geopolítica e defesa: também é cada vez maior a quantidade de imagens de satélite em estratégias militares, especialmente na identificação de possíveis alvos, em guerras. Os Estados Unidos são o país que mais utiliza imagens em conflitos armados, a exemplo das recentes intervenções militares no Afeganistão e Iraque.

Você sabia?

Os satélites CBERS: cooperação entre Brasil e China

Na atualidade, o Brasil já produz satélites em cooperação com a China. Trata-se do programa China-Brazil Earth Resources Satellite (CBERS), ou seja, o Satélite Sino-Brasileiro de Recursos Terrestres.

A parceria entre China e Brasil começou em 1988, envolvendo o Instituto Nacional de Pesquisas Espaciais (INPE) e a Academia Chinesa de Tecnologia Espacial (CAST). A partir dessa data, os dois países lançaram seus programas aeroespaciais. A realização de um projeto em conjunto permitiu que os dois países economizassem recursos financeiros. Estão em funcionamento os satélites CBERS 1 e 2, lançados de uma base aeroespacial chinesa. Assim, o Brasil ingressou no seleto grupo dos países que dominam a tecnologia de sensoriamento remoto. Com isso, Brasil e China passam a ter uma formidável ferramenta para monitorar seus imensos territórios, com satélites próprios, reduzindo a dependência em relação às imagens de satélite produzidas por países desenvolvidos, como os Estados Unidos.

Imagem de satélite representa o Distrito Federal, em roxo, o plano piloto de Brasília e outros núcleos urbanos. Em preto, o Lago Paranoá. Em marrom, a vegetação de Cerrado. As linhas verdes são matas ciliares ao longo de rios.

As imagens do satélite CBERS já estão sendo utilizadas no Brasil e também podem ser vendidas para outros países. Essas imagens podem ser utilizadas na conservação ambiental, previsão do tempo, monitoramento dos recursos hídricos (rios, lagos e reservatórios de água), estudos de correntes oceânicas, planejamento de áreas agrícolas e crescimento urbano.

> **Você sabia?**
>
> O site do Instituto Nacional de Pesquisas Espaciais apresenta muitos exemplos de imagens de satélite, inclusive do CBERS: <www.inpe.br>.

ATIVIDADES

1) Qual é a importância das imagens de radar?

___

2) Mencione três utilizações para as imagens de satélite.

___

3) Qual é a importância do satélite CBERS para o Brasil?

___

4 Elabore um texto a partir da interpretação da imagem de satélite a seguir.

Imagem de satélite de Manaus (2004).

5 Por que o uso de alta tecnologia em imagens de satélite pode auxiliar na conservação de florestas como a Amazônica? Justifique.

91

6 Produção de mapa a partir de uma foto aérea.

a) Você vai elaborar um mapa a partir das informações da fotografia aérea abaixo.

Pirituba, SP, 2006.

b) Identifique os elementos que aparecem na fotografia aérea. Isto é, cidade, vias de transporte, floresta, cultivo agrícola, entre outros. Crie uma legenda para cada elemento utilizando símbolos e cores. Escreva como você identificou cada elemento, ou seja, pela cor, forma ou textura.

c) Coloque um papel transparente sobre a fotografia e prenda-o pelas pontas superiores com fita adesiva. Observe o exemplo a seguir.

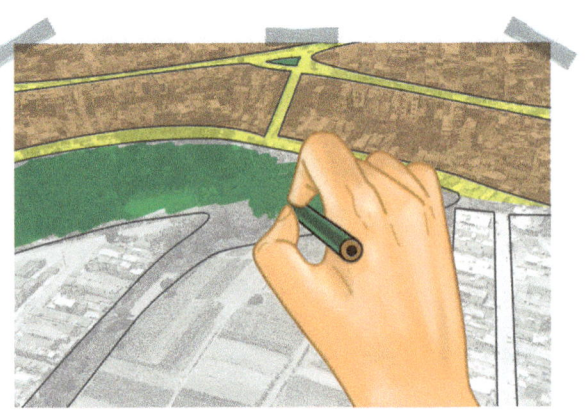

d) No papel transparente, sobre a foto, você vai demarcar os elementos geográficos identificados no item a, com lápis preto. Depois, vai pintar os elementos conforme a legenda escolhida.

e) Quando terminado, retire a fita adesiva. Para finalizar o mapa, cole o papel transparente (as pontas) numa folha de papel em branco. Depois, faça a legenda e escolha um título para seu mapa.

7 Com base na atividade anterior, qual é a sua opinião sobre a importância do sensoriamento remoto na produção dos mapas?

_____
_____
_____
_____
_____
_____

Capítulo 7

A SOCIEDADE E A ATMOSFERA

O clima é fundamental para as sociedades humanas, pois influencia diretamente na vegetação de um lugar, na hidrografia e em atividades como a agricultura. Climas extremos, muito frios ou desérticos, dificultam a ocupação humana nas áreas onde predominam. Ações humanas, no entanto, têm provocado poluição atmosférica de tal intensidade que está produzindo alterações climáticas significativas.

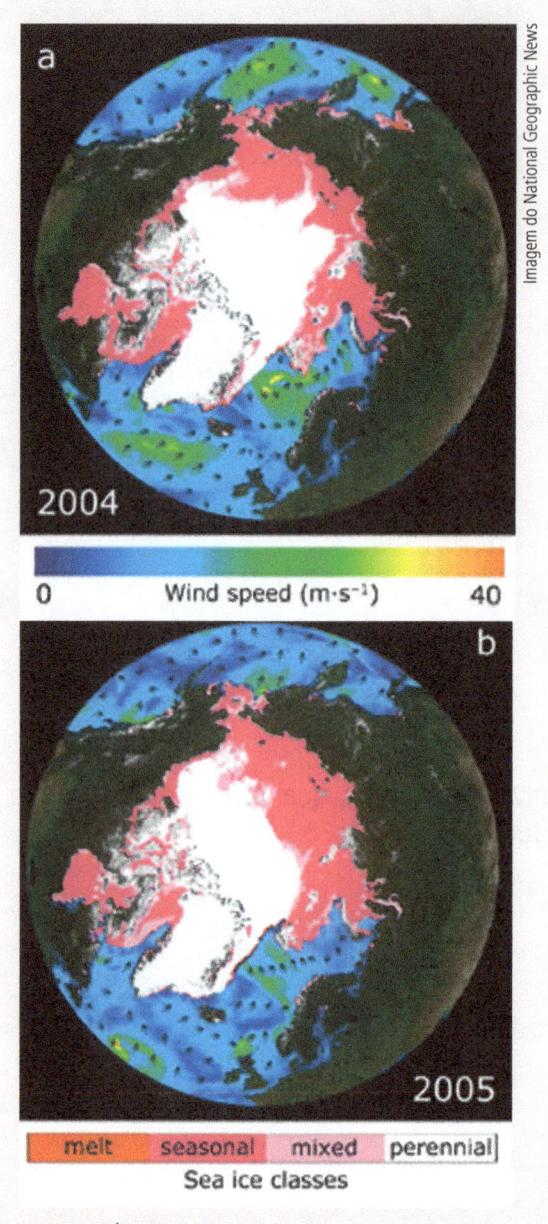

Degelo no Ártico.

Tempo e clima

Em algumas regiões, em apenas um único dia, pode amanhecer com o céu claro, depois mudar para parcialmente nublado, nublado e, por fim, acabar chovendo. Esse dinamismo da atmosfera pode ser entendido através do conceito de tempo.

> Tempo: estado momentâneo dos elementos da atmosfera: temperatura, pressão, umidade e chuvas.

Mas quando observarmos a atmosfera por um longo tempo podemos identificar algumas características gerais. Isto é, os meses mais frios, os meses mais quentes, o período seco e o período chuvoso. Desse modo, podemos compreender o conceito de clima.

> Clima: sucessão habitual do tempo numa região durante um longo período. Permite a identificação de características gerais como a variação da temperatura e das chuvas.

Temperatura e latitude

A temperatura depende da quantidade de radiação solar que chega à superfície da Terra. O formato arredondado da Terra faz com que a distribuição de temperatura seja muito desigual. No desenho ao lado, observe que a área localizada entre os trópicos de Câncer e de Capricórnio recebe maior quantidade de radiação.

Então, quanto mais nos afastamos em direção aos polos, menor a quantidade de radiação que chega até a superfície. Isto acontece porque os raios solares incidem de maneira mais inclinada e difusa, atravessando uma porção maior de atmosfera e perdendo calor.

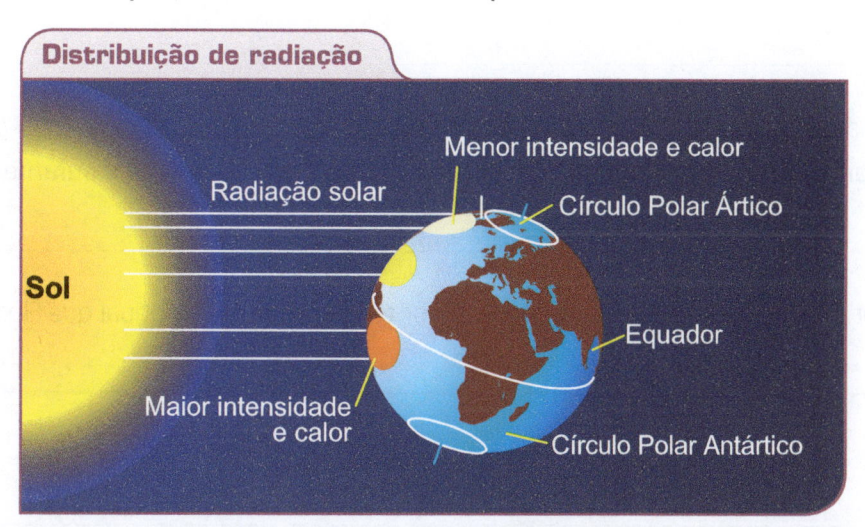

Distribuição de radiação

Sol — Radiação solar — Menor intensidade e calor — Círculo Polar Ártico — Equador — Maior intensidade e calor — Círculo Polar Antártico

No mapa a seguir, observamos que a área que recebe mais radiação solar no decorrer do ano é chamada de zona intertropical, localizada entre o Equador (0°) e os Trópicos de Câncer e de Capricórnio (23°). As áreas entre Trópicos e os Círculos Polares Ártico e Antártico (66°) são zonas temperadas. Já as áreas entre os Círculos Polares e os Polos Norte e Sul (90°) são zonas glaciais ou frias.

Assim, quanto menor a latitude, mais próximo do Equador, portanto, maior será a temperatura. Já quanto maior for a latitude, mais distante do Equador e mais próximo dos polos, menor será a temperatura.

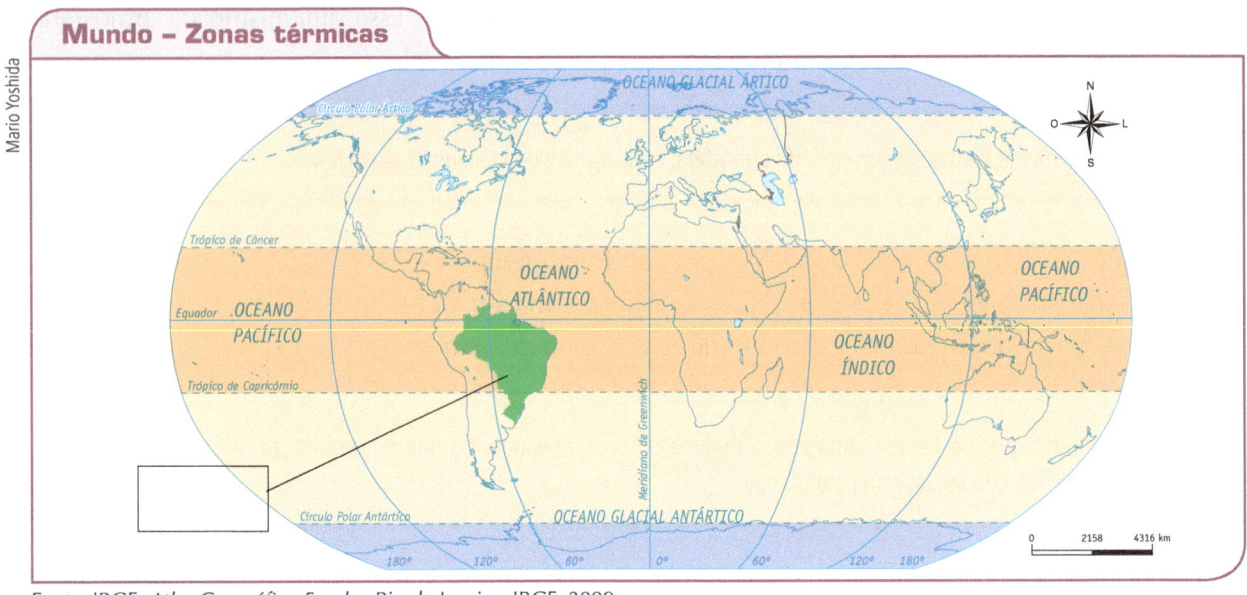

Mundo – Zonas térmicas

Fonte: IBGE. *Atlas Geográfico Escolar*. Rio de Janeiro: IBGE, 2009.

ATIVIDADES

1 Explique a diferença entre os conceitos de tempo e clima. Dê exemplos.

_____
_____
_____
_____

2 O trecho abaixo refere-se ao conceito de tempo ou de clima? Justifique.
Recife é uma cidade quente e úmida, apresentando chuvas abundantes durante o inverno.

_____

3 Qual fator explica que São Luís (MA) tenha maior temperatura média anual que Florianópolis (SC)?

_____
_____
_____

4 É correto afirmar que a zona intertropical situa-se entre os trópicos e os círculos polares Ártico e Antártico? Justifique sua resposta.

_____

Estações do ano

Nos hemisférios norte e sul da Terra, as modificações no tempo no decorrer do ano dependem das estações do ano: primavera, verão, outono e inverno. As estações do ano são resultado da combinação entre o movimento de translação e a inclinação do eixo da Terra. A distribuição da radiação solar varia conforme as estações.

O início do inverno e do verão é denominado de solstício, período em que ocorre distribuição desigual da radiação nos hemisférios norte e sul. Já o início do outono e da primavera é chamado de equinócio, período em que acontece distribuição equilibrada de radiação nos dois hemisférios, pois a radiação solar incide diretamente sobre o equador. Ao lado, observe a sucessão das estações no desenho e na tabela a seguir.

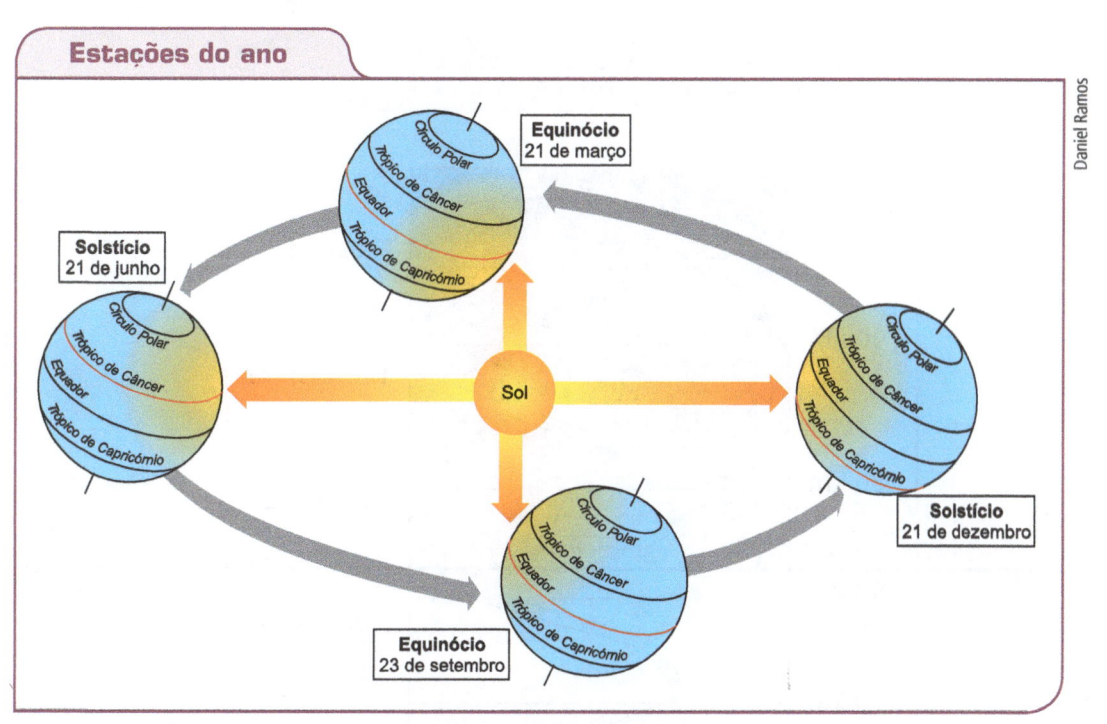

Estações do ano

- Equinócio – 21 de março
- Solstício – 21 de junho
- Solstício – 21 de dezembro
- Equinócio – 23 de setembro

\multicolumn{3}{c}{Estações do ano}		
Período	Hemisfério Sul	Hemisfério Norte
22 de dezembro até 21 de março	**Verão** A radiação solar incide diretamente no Trópico de Capricórnio. A zona glacial sul recebe muita luminosidade.	**Inverno** A zona glacial norte, delimitada pelo Círculo Polar Ártico, recebe pouca radiação.
21 de março até 21 de junho	**Outono**	**Primavera**
21 de junho até 23 de setembro	**Inverno** A zona glacial sul, delimitada pelo Círculo Polar Antártico, recebe pouca radiação, ficando escura e muito fria.	**Verão** A radiação solar incide de maneira direta no Trópico de Câncer. A zona glacial norte recebe muita luminosidade, ampliando a duração do período claro ("sol da meia-noite").
23 de setembro até 22 de dezembro	**Primavera**	**Outono**

Temperatura e altitude

De início, a radiação solar chega à superfície da Terra. Em seguida, a superfície começa a irradiar calor para a atmosfera. A altitude é a altura medida em metros a partir do nível do mar (0).

Na troposfera ou baixa atmosfera, quanto maior a altitude, maior é a temperatura. Nas áreas de maior altitude como as serras e montanhas, a temperatura e a pressão atmosférica (peso do ar) são menores. Isso acontece porque o aquecimento da atmosfera se dá de "baixo para cima". Nas maiores altitudes, o ar é mais rarefeito e retêm menos calor. Ou seja, o ar apresenta menor quantidade de moléculas de gás carbônico e vapor (CO_2) vapor d'água (H_2O), as responsáveis pela retenção de calor. Já nas áreas com menor altitude, é maior a quantidade de moléculas, assim a temperatura e a pressão atmosférica (peso do ar) são maiores.

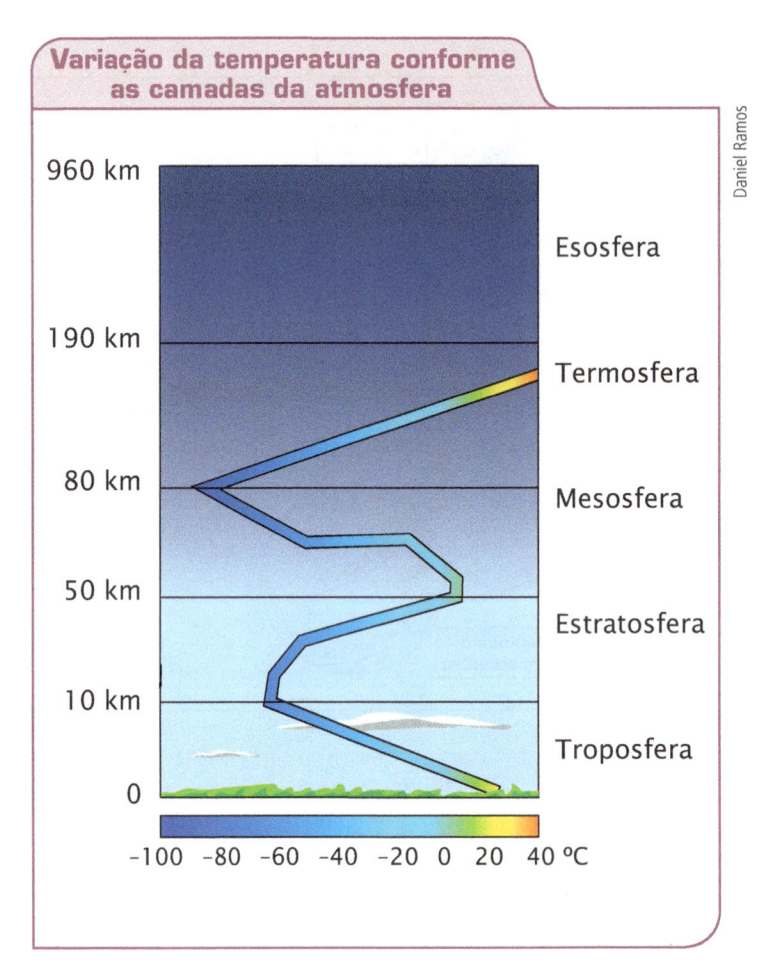

Variação da temperatura conforme as camadas da atmosfera

Tipos de precipitação

Como você pode observar em Ciências, a troposfera é a camada da atmosfera em contato com a superfície terrestre.

Nela acontece a redução de temperatura conforme a aumento da altitude e fenômenos como as nuvens e os vários tipos de precipitação:

- Chuva: acontece quando a temperatura diminui, o ar comprime e sobra menos espaço para vapor d'água. Assim, as moléculas de água vão se aproximando, formando gotículas líquidas de água (condensação) que compõem as nuvens. As gotículas vão se juntando formando gotas maiores e mais pesadas que acabam por cair na forma de chuva.

Os tipos de chuva

No seu município costuma chover? Com que frequência? Todos os dias? Todos os meses do ano. Quando chove, você sabe identificar que tipo de chuva está caindo? A seguir, apresentamos três tipos básicos de chuva. Então, da próxima vez que chover, tente classificar o tipo de chuva, seja por observação, informações do material didático ou que aparecerem na imprensa.

- Chuva de convecção: acontece quando o ar próximo à superfície se aquece, fica leve e tende a subir. Quando ganha altitude, a temperatura desse ar diminui, levando à condensação, formação de nuvens e chuva. As chuvas de convecção costumam ser rápidas e intensas, sendo chamadas popularmente de "chuvas de verão". São muito comuns na zona intertropical do planeta.

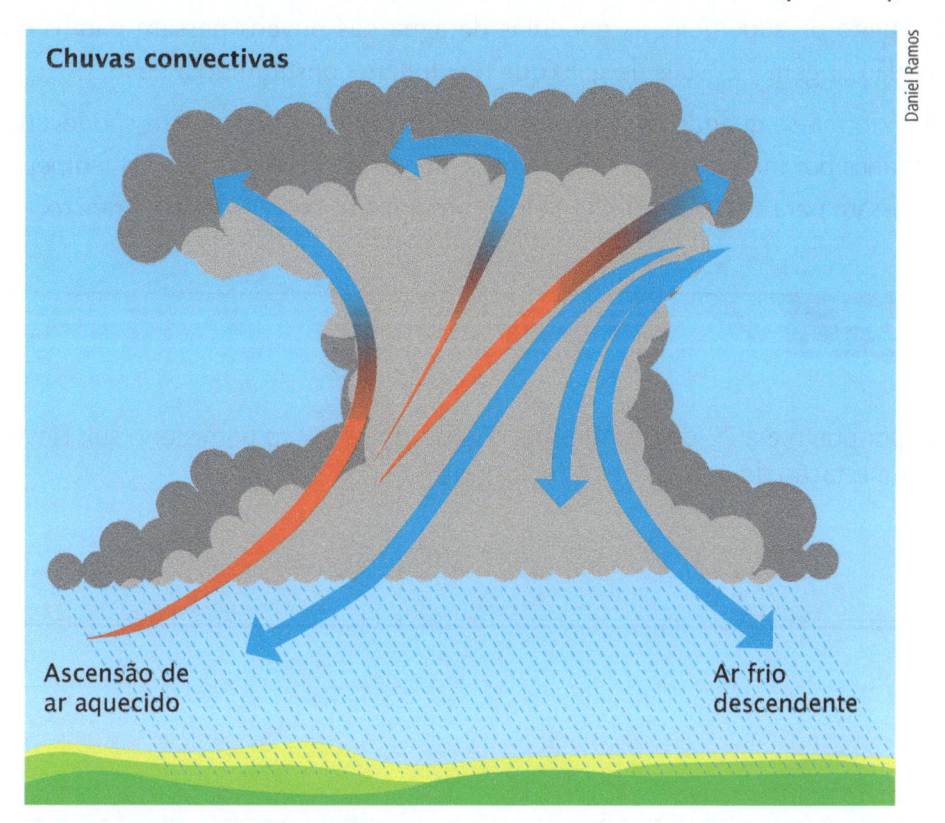

- Chuva frontal: quando chega uma massa de ar frio, a temperatura diminui levando à condensação, a formação de nuvens e chuvas. No Brasil, são chuvas comuns nas regiões Sul e Sudeste, principalmente no outono e inverno.

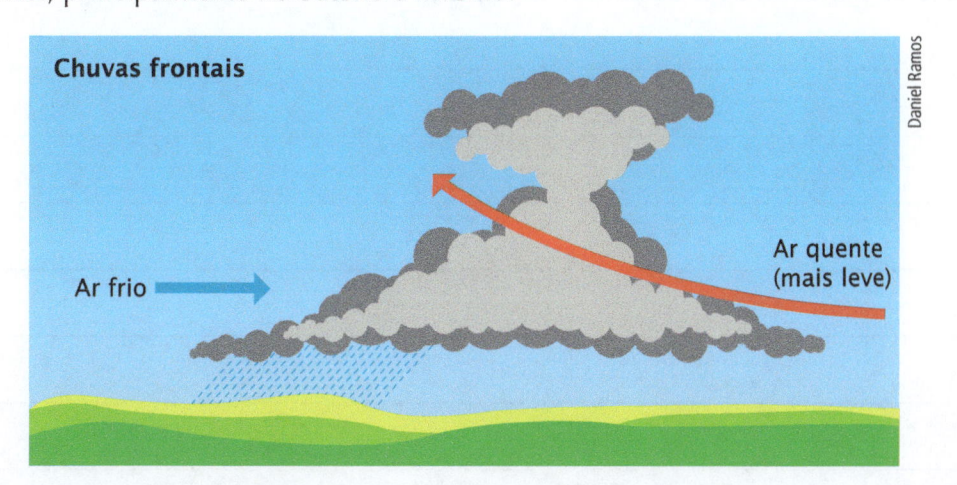

- Chuva orográfica: também é chamada de chuva de relevo. Ocorre quanto uma massa de ar é obrigada a ganhar altitude devido à presença de uma cadeia de montanhas. Com o aumento da altitude, cai a temperatura, acontece a condensação, a formação de nuvens e chuva. Esse tipo de chuva é muito comum no litoral da região Sudeste devido a presença da Serra do Mar.

Fonte: Adaptado de *Manual de meteorologia para aeronavegantes*. Ministério da Aeronáutica, 1969.

- Neve: quando a temperatura fica muito baixa, inclusive perto da superfície, as gotículas de água das nuvens passam para o estado sólido. Assim, dão origem a cristais de gelo que precipitam constituindo a neve.

- Granizo: forma-se quando as gotículas de água presentes nas nuvens são levadas para grandes altitudes por meio de correntes ascendentes de ar. Com a queda da temperatura, as gotículas passam para o estado sólido (gelo) e precipitam, constituindo o granizo.

ATIVIDADES

1) Explique por que o dia 22 de dezembro é o início do verão no hemisfério sul. Neste período, qual seria a estação do ano no hemisfério norte?

2) Quais são os diferentes tipos de chuva? Explique.

As massas de ar

Sabemos que o vento é o ar em movimento. O deslocamento do vento acontece de áreas com alta pressão ou anticiclone (ar mais pesado e frio) para as áreas de baixa pressão ou ciclone (ar mais leve e quente).

Quando consideramos a escala do planeta, as porções de atmosfera também se movimentam devido às diferenças de pressão e temperatura. Assim, podemos considerar as massas de ar como partes da atmosfera com características próprias de temperatura, umidade, pressão e velocidade. Em seguida, listamos as massas de ar que atuam no território do Brasil.

Brasil – características gerais das massas de ar

Massa equatorial atlântica: forma-se no Oceano Atlântico nas proximidades do Equador. É quente e úmida, provocando fortes chuvas no litoral da região Norte e do Maranhão.

Massa equatorial continental: forma-se na Amazônia. É quente e úmida, provocando chuvas intensas na região Norte. Atua em grande parte do Brasil durante a primavera e o verão.

Massa tropical atlântica: massa de ar que se forma no Oceano Atlântico nas proximidades do Trópico de Capricórnio. É quente e úmida, sendo responsável pelas intensas chuvas nas regiões Sudeste, Sul e litoral do Nordeste.

Massa tropical continental: é a única massa de ar seco que atua no país. Também é quente, forma-se na porção central da América do Sul, atingindo o Centro-oeste e o Sudeste do país.

Massa polar atlântica: é a única massa de ar frio que atua no país. Ela é úmida e forma-se nas proximidades da Antártida, tendo maior intensidade no outono e inverno.

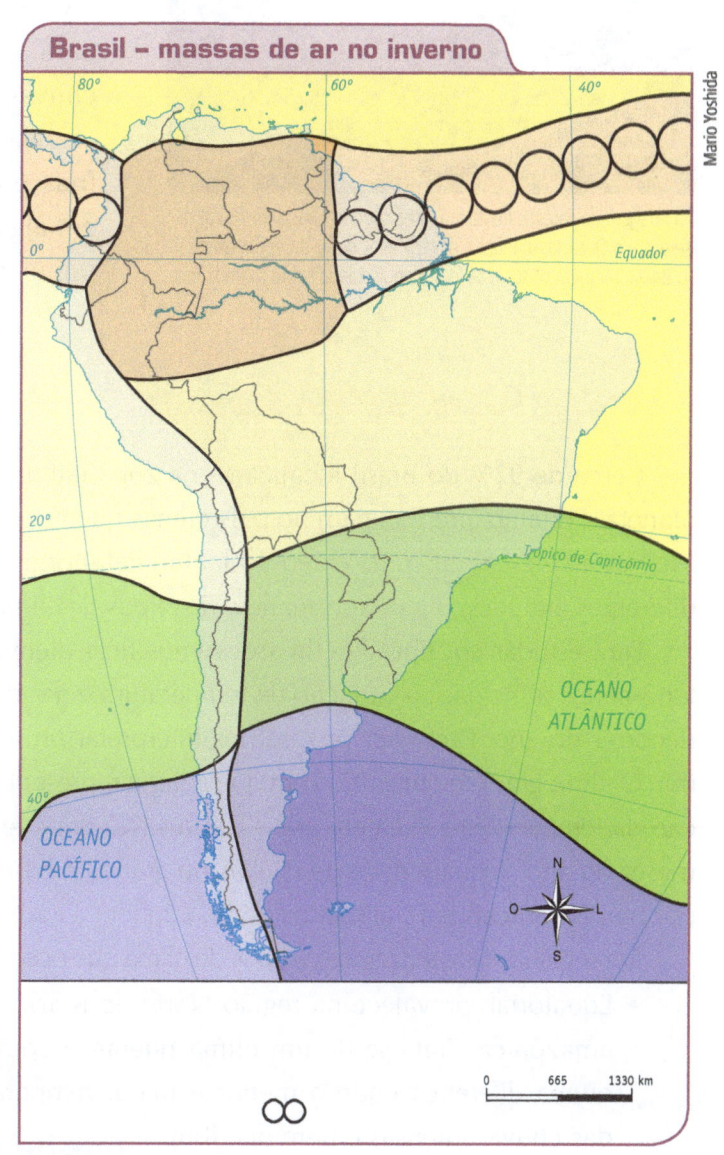

Brasil – massas de ar no inverno

Fonte: Ferreira, Graça Maria Lemos. *Atlas geográfico espaço mundial*. São Paulo: Moderna, 2010.

Frentes frias e seus efeitos

Denominamos de frente o contato entre massas de ar diferentes. No Brasil, especialmente no inverno, a massa polar atlântica costuma apresentar alta pressão e desloca as massas de ar quente como a tropical atlântica (menor pressão). Quando isso ocorre, forma-se uma frente fria.

Quando chega uma frente fria, acontecem os seguintes efeitos: queda da temperatura, aumento da nebulosidade e eventuais chuvas frontais. No Sul e Sudeste do Brasil, quando ocorre maior diminuição da temperatura, ocorre a formação de geadas, ou seja, o congelamento do orvalho na superfície.

Na imagem de satélite, frente fria (área com nebulosidade) localiza-se entre o Oceano Atlântico e as regiões Sudeste e Centro-Oeste do Brasil. Também observa-se forte nebulosidade sobre a Amazônia.

Nos dias mais frios, nas áreas serranas de Santa Catarina e do Rio Grande do Sul, ocorrem até pequenas nevascas. Quando as frentes frias chegam ao litoral do Nordeste provocam leve queda de temperatura que é suficiente para levar à formação de nuvens e intensas chuvas frontais.

Na Amazônia, a chegada de algumas frentes frias provoca a queda abrupta de temperatura em alguns dias. Trata-se do fenômeno chamado popularmente de friagem.

Tipos de clima do Brasil

Cerca de 92% do Brasil localiza-se na zona intertropical do planeta. Portanto, predominam no país climas quentes e úmidos. Mesmo assim, em razão da extensão latitudinal (norte-sul) e das diferentes altitudes, o país apresenta vários tipos de clima.

Para estudar um tipo de clima devemos ficar atentos a dois fenômenos principais: a variação da temperatura e das chuvas no decorrer do ano. Para isso, precisamos interpretar um climograma. O climograma é um gráfico em que a linha representa a variação da temperatura média em graus Celsius (ºC) durante os doze meses do ano. A quantidade de chuvas no gráfico é representada por barras verticais em milímetros (mm), também a cada mês do ano. Observe o exemplo ao lado.

Clima tropical úmido Rio de Janeiro (RJ)

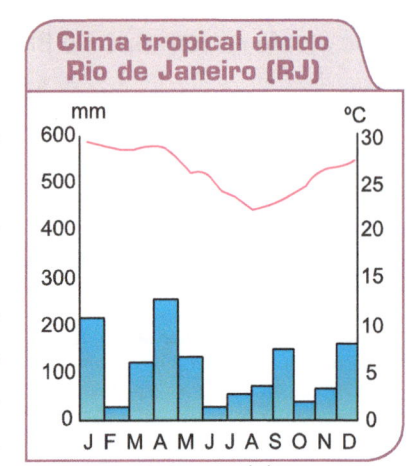

Fonte: Instituto Nacional de Pesquisas Espaciais. Disponível em: <http://www.impe.br>. Acesso em: jul. 2012.>

Em seguida, caracterizamos os tipos de clima que ocorrem no Brasil.

- Equatorial: prevalece na região Norte do Brasil, na mesma área de ocorrência da floresta amazônica. Trata-se de um clima quente e com pequena amplitude térmica, isto é, pequena diferença entre a menor e maior temperatura. Também é muito úmido em razão das chuvas intensas e bem distribuídas no decorrer do ano. O índice pluviométrico (quantidade anual de chuvas) pode chegar a 3000 mm. A grande quantidade de umidade decorre da ação das massas de ar equatorial atlântica e equatorial continental. No inverno, em alguns dias a temperatura pode cair de maneira abrupta devido a chegada da massa polar, trata-se do fenômeno chamado friagem.

Estação das Docas, antigo porto de Belém (PA).

- Tropical: é o tipo de clima dominante na porção central do Brasil, em estados como Goiás, Mato Grosso, Tocantins e também Brasília. Trata-se de um clima quente, porém com dois períodos quanto à umidade. O verão é chuvoso, mas o inverno é muito seco devido à influência da massa tropical continental. O índice pluviométrico anual é de 1500 mm.

Pessoas se exercitando no parque da cidade Sarah Kubitschek (DF), 2010.

- Tropical de altitude: ocorre em áreas montanhosas do Sudeste do país. Apresenta temperaturas mais baixas devido à maior altitude e a ação da massa polar atlântica no inverno. As chuvas são concentradas no verão e atingem 1800 mm.

- Tropical úmido, atlântico ou litorâneo: é o tipo de clima que prevalece no litoral das regiões Sudeste e Nordeste (até o Rio Grande do Norte). Trata-se de um clima quente e muito úmido devido à ação da massa tropical atlântica. No litoral Sudeste, as chuvas se concentram no verão. Já no litoral do nordeste, prevalecem as chuvas de inverno devido à entrada de frentes frias. Os índices pluviométricos são por volta de 2000 mm.

- Subtropical: ocorre na porção sul do país, é o tipo de clima com maior amplitude térmica, pois as temperaturas são elevadas no verão, mas apresentam queda razoável no inverno. As chuvas costumam ter boa distribuição no decorrer do ano chegando a 1800 mm por ano.

Largo Glênio em Porto Alegre (RS), 2010.

103

- Semiárido: prevalece no interior da região Nordeste, o Sertão. As temperaturas são muito altas o ano todo. Trata-se do tipo de clima com menor quantidade de chuvas do país, cerca de 500 mm anuais. A distribuição das chuvas é irregular. Ou seja, podem ocorrer longos períodos de seca.

Tipos de clima do Brasil

Fonte: Ferreira, Graça Maria Lemos. *Atlas geográfico espaço mundial*. São Paulo: Moderna, 2010.

> **Você sabia?**
>
> ### Fenômenos climáticos extremos
>
> **Planisfério – fenômenos da natureza que causam prejuízos socioeconômicos**
>
> Fonte: Ferreira, Graça Maria Lemos. *Atlas geográfico espaço mundial*. São Paulo: Moderna, 2010. E CIA - The Word Factbook. Disponível em: <www.cia.gov.library/publications/the-word-factbook/geos.od.html>. Acesso em: jul. 2012.
>
> - Ciclone Extratropical: apresenta características similares ao furacão, mas com menor intensidade. Forma-se no oceano sobre águas mais frias em zonas de média latitude.
>
> - Furacões: os furacões ou tufões são tempestades formadas no oceano com águas muito aquecidas na zona intertropical. Devido ao aquecimento da superfície do oceano, o ar quente e leve sobe rapidamente formando uma área de baixa pressão. Ganhando altitude, ocorre forte condensação formação de nuvens e chuva.
>
>   Os ventos convergem para essa área de baixa pressão, aumentando de intensidade e assumindo a forma de um ciclone. Os furacões apresentam ventos com mais de 150 km por hora. Quando atingem regiões litorâneas, os furacões provocam danos em áreas urbanas e rurais.
>
>   As áreas mais atingidas são o Mar do Caribe, o Golfo do México, o Atlântico Norte e os oceanos Índico e Pacífico. No Brasil, o fenômeno é raro. Mesmo assim, em 2004, um furacão de baixa intensidade, batizado de Catarina, atingiu o litoral de Santa Catarina e Rio Grande do Sul, causando vários danos.

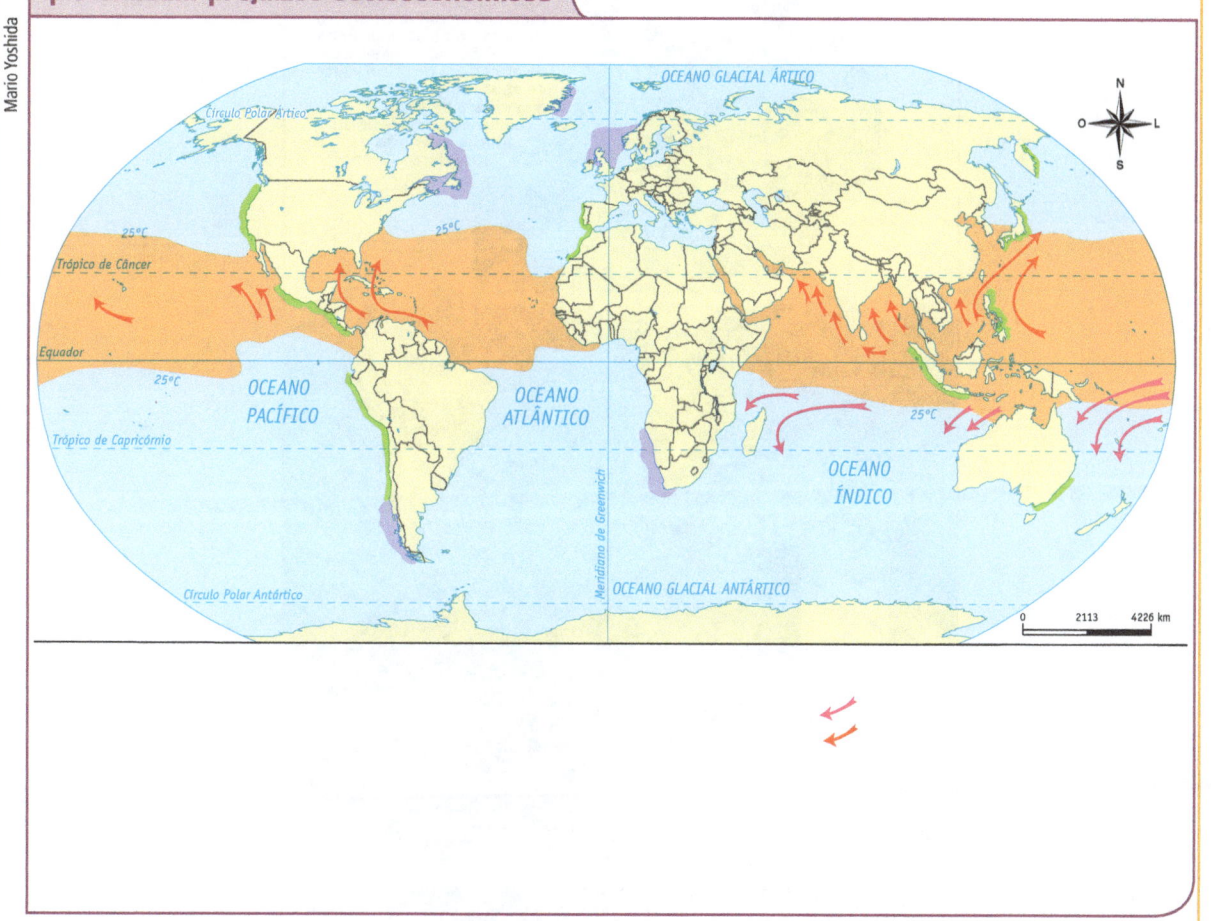

105

Como se forma um furacão

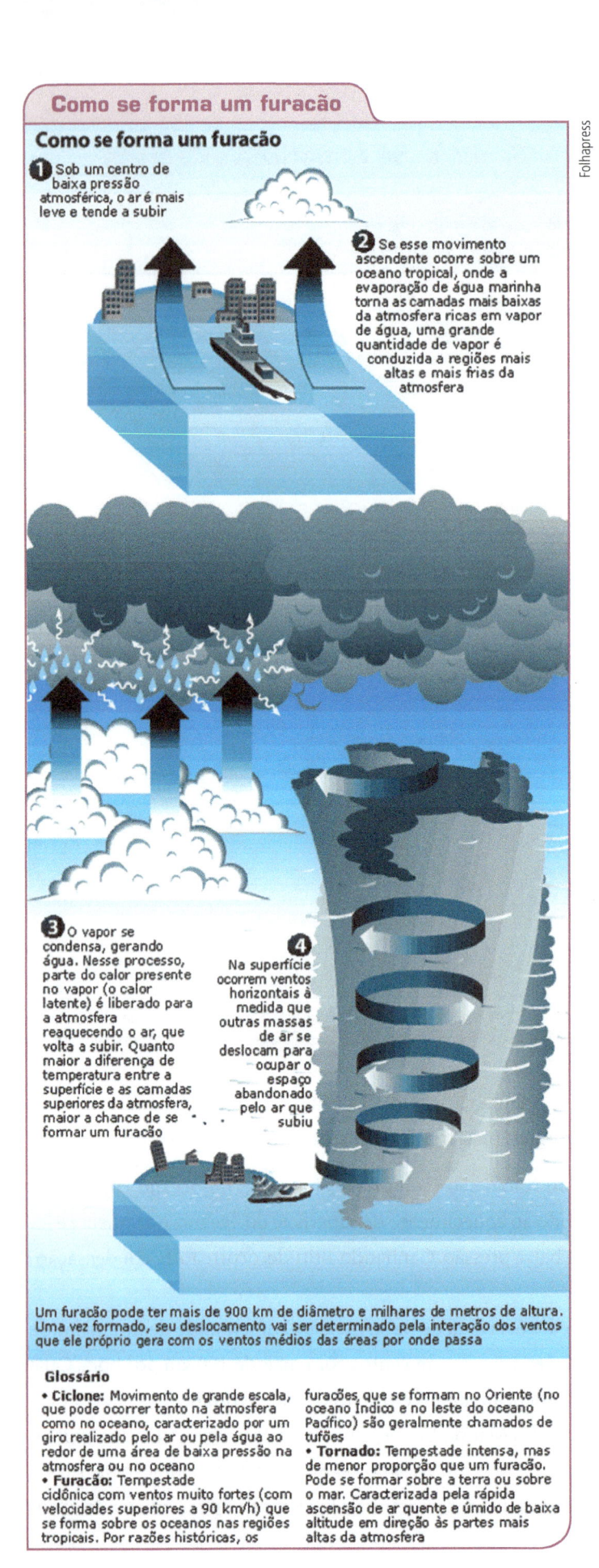

1 Sob um centro de baixa pressão atmosférica, o ar é mais leve e tende a subir

2 Se esse movimento ascendente ocorre sobre um oceano tropical, onde a evaporação de água marinha torna as camadas mais baixas da atmosfera ricas em vapor de água, uma grande quantidade de vapor é conduzida a regiões mais altas e mais frias da atmosfera

3 O vapor se condensa, gerando água. Nesse processo, parte do calor presente no vapor (o calor latente) é liberado para a atmosfera reaquecendo o ar, que volta a subir. Quanto maior a diferença de temperatura entre a superfície e as camadas superiores da atmosfera, maior a chance de se formar um furacão

4 Na superfície ocorrem ventos horizontais à medida que outras massas de ar se deslocam para ocupar o espaço abandonado pelo ar que subiu

Um furacão pode ter mais de 900 km de diâmetro e milhares de metros de altura. Uma vez formado, seu deslocamento vai ser determinado pela interação dos ventos que ele próprio gera com os ventos médios das áreas por onde passa

Glossário

- **Ciclone:** Movimento de grande escala, que pode ocorrer tanto na atmosfera como no oceano, caracterizado por um giro realizado pelo ar ou pela água ao redor de uma área de baixa pressão na atmosfera ou no oceano
- **Furacão:** Tempestade ciclônica com ventos muito fortes (com velocidades superiores a 90 km/h) que se forma sobre os oceanos nas regiões tropicais. Por razões históricas, os furacões que se formam no Oriente (no oceano Índico e no leste do oceano Pacífico) são geralmente chamados de tufões
- **Tornado:** Tempestade intensa, mas de menor proporção que um furacão. Pode se formar sobre a terra ou sobre o mar. Caracterizada pela rápida ascensão de ar quente e úmido de baixa altitude em direção às partes mais altas da atmosfera

- Tornado: os tornados apresentam menor dimensão que os furacões e são mais comuns em áreas terrestres. Formam-se também em áreas de baixa pressão atmosférica quando ocorre o choque de uma massa de ar frio com uma massa de ar quente. Forma-se um vento ciclônico que atinge a superfície agindo como um gigantesco "aspirador de pó". Os ventos podem passar de 400 Km por hora, causando severos danos materiais.

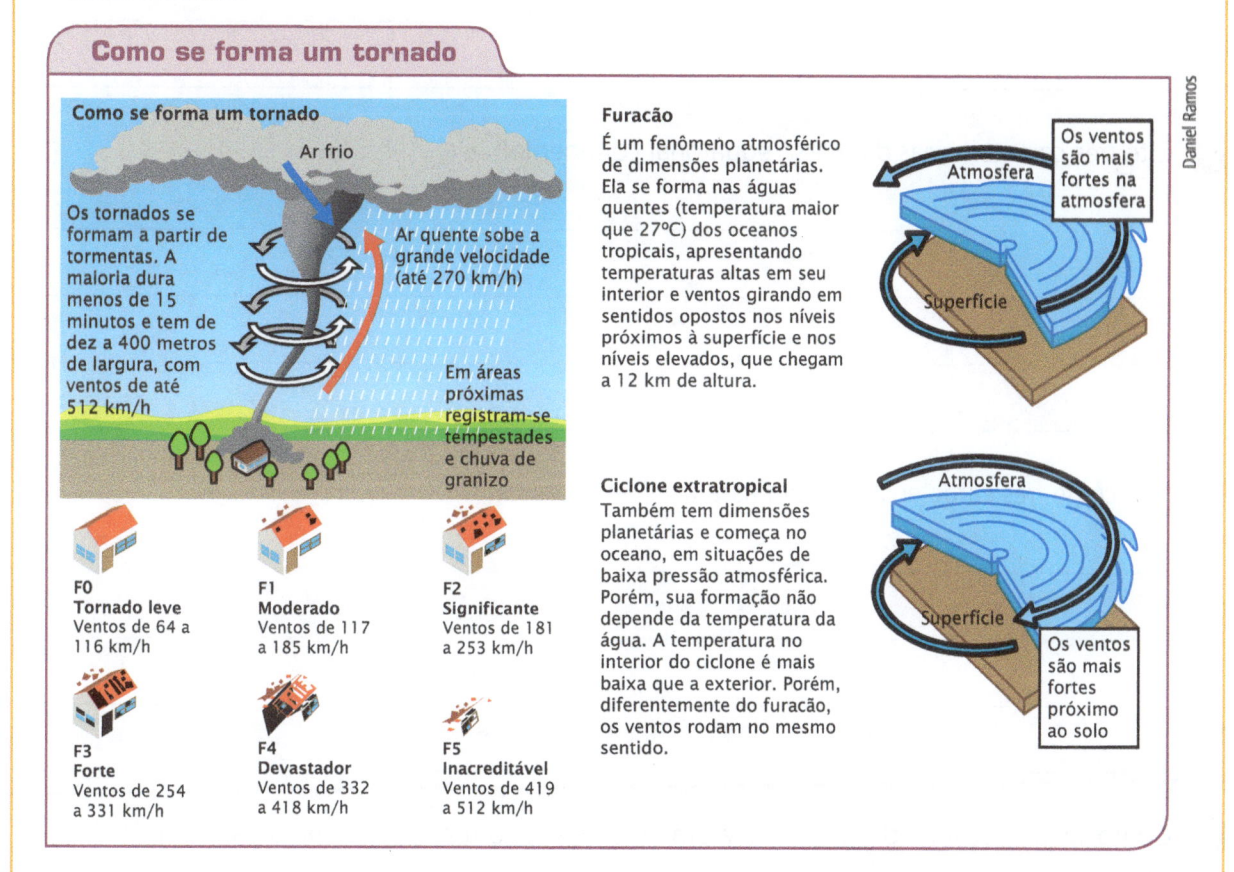

Como se forma um tornado

Como se forma um tornado

Os tornados se formam a partir de tormentas. A maioria dura menos de 15 minutos e tem de dez a 400 metros de largura, com ventos de até 512 km/h.

Ar frio
Ar quente sobe a grande velocidade (até 270 km/h)
Em áreas próximas registram-se tempestades e chuva de granizo

F0 Tornado leve Ventos de 64 a 116 km/h
F1 Moderado Ventos de 117 a 185 km/h
F2 Significante Ventos de 181 a 253 km/h
F3 Forte Ventos de 254 a 331 km/h
F4 Devastador Ventos de 332 a 418 km/h
F5 Inacreditável Ventos de 419 a 512 km/h

Furacão
É um fenômeno atmosférico de dimensões planetárias. Ela se forma nas águas quentes (temperatura maior que 27°C) dos oceanos tropicais, apresentando temperaturas altas em seu interior e ventos girando em sentidos opostos nos níveis próximos à superfície e nos níveis elevados, que chegam a 12 km de altura.

Os ventos são mais fortes na atmosfera

Ciclone extratropical
Também tem dimensões planetárias e começa no oceano, em situações de baixa pressão atmosférica. Porém, sua formação não depende da temperatura da água. A temperatura no interior do ciclone é mais baixa que a exterior. Porém, diferentemente do furacão, os ventos rodam no mesmo sentido.

Os ventos são mais fortes próximo ao solo

- El Niño (o menino): este fenômeno começa com o aquecimento anormal das águas do Oceano Pacífico na zona intertropical. O oceano aquece a atmosfera, formando uma massa de ar quente que circula pela atmosfera do planeta, modificando as condições climáticas normais. O El Niño provoca secas em locais úmidos, chuvas e inundações em áreas secas e grandes tempestades e furacões. Trata-se de um fenômeno que causa transtornos e prejuízos. No Brasil, acontecem os seguintes efeitos:
  - aumento da temperatura em todo o país;
  - as frentes frias ficam retidas na região Sul, fazendo com que ocorram chuvas excessivas e enchentes;
  - nas regiões Nordeste e Norte (Amazônia) ocorrem secas, tornando a vegetação vulnerável às queimadas.

A imagem de satélite mostra em cores a temperatura do Oceano Pacífico. A grande faixa vermelha próxima a linha do equador indica a alta temperatura responsável pela formação do El Niño.

- La Niña: trata-se do resfriamento anormal do Oceano Pacífico, dando origem a uma massa de ar frio que modifica o clima em várias regiões do mundo. No Brasil, os efeitos são: queda de temperatura, chuvas excessivas no Nordeste e Norte, além de seca no Sul e Sudeste.

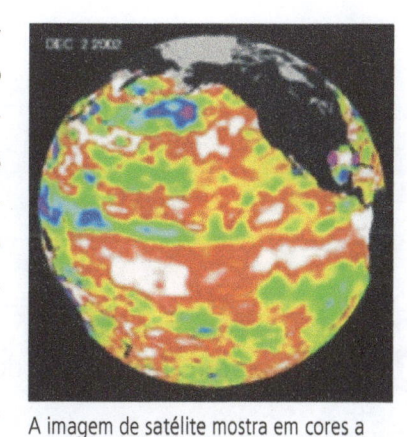

ATIVIDADES

1) Com o auxílio do mapa dos tipos de clima do Brasil (página 104), identifique o tipo de clima do estado onde você mora. Discorra sobre suas características básicas.

_____
_____

2) Cite três características da massa equatorial continental.

_____
_____
_____
_____

3) Mencione três características da massa tropical atlântica.

_____
_____
_____
_____

4) Como seria a previsão do tempo para uma localidade com a chegada de uma frente fria?

_____
_____
_____
_____

5) Mencione três características do clima tropical de altitude.

_____
_____
_____
_____

6 Identifique e discorra sobre as características do tipo de clima representado no gráfico a seguir.

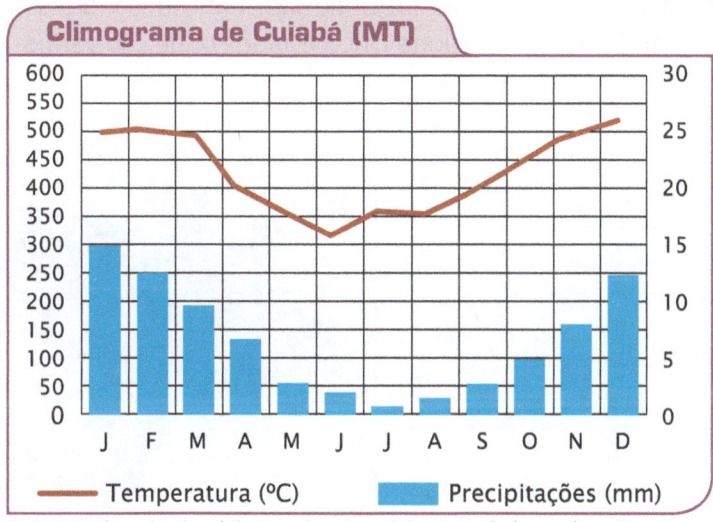

Climograma de Cuiabá (MT)

— Temperatura (°C) ▪ Precipitações (mm)

Fonte: Instituto Nacional de Pesquisas Espaciais. Disponível em: <http://www.impe.br>. Acesso em: jul. 2012.

___

7 Explique as diferenças de temperatura entre as cidades representadas no esquema a seguir.

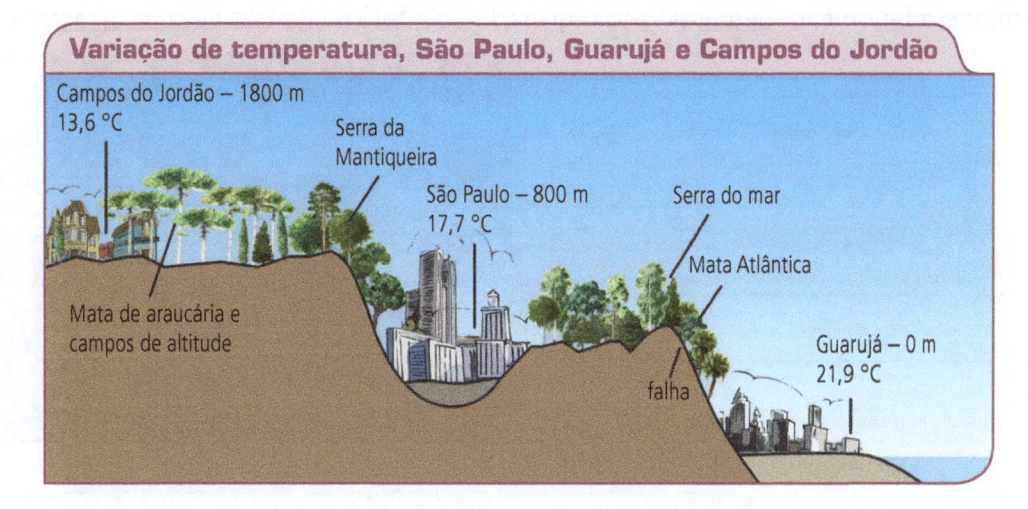

Variação de temperatura, São Paulo, Guarujá e Campos do Jordão

- Campos do Jordão – 1800 m — 13,6 °C
- Serra da Mantiqueira
- São Paulo – 800 m — 17,7 °C
- Serra do mar
- Mata Atlântica
- Guarujá – 0 m — 21,9 °C
- Mata de araucária e campos de altitude
- falha

109

8. A partir da interpretação do mapa a seguir, elabore um texto sobre a distribuição das chuvas no Brasil. No texto, mencione cinco estados onde são verificados índices pluviométricos superiores a 2000 mm. Também mencione cinco estados onde são verificadas temperaturas inferiores a 1200 mm.

Brasil – precipitação total anual

Fonte: Com base em Ferreira, Graça Maria Lemos. *Atlas geográfico espaço mundial*. São Paulo: Moderna, 2010.

9. Identifique o fenômeno meteorológico registrado pela foto e cite três de suas características.

Sociedade e mudanças climáticas

As diversas atividades humanas estão provocando graves danos ao meio ambiente. A atmosfera também está sofrendo esse impacto, a exemplo do aumento da poluição do ar e da temperatura nas grandes cidades.

Poluição do ar e inversão térmica

Em áreas com grande concentração de automóveis e indústrias, a composição da atmosfera sofre grande alteração devido à emissão de gases poluentes. No verão, o ar aquecido torna-se leve e tende a subir verticalmente. Isso contribui para dispersar os poluentes, melhorando a qualidade do ar.

Já no inverno, principalmente nas regiões Sul e Sudeste do Brasil, a situação se agrava. Nesse período, costuma ocorrer a inversão térmica. Ou seja, durante a noite, a temperatura cai e se forma uma camada de ar frio e denso próxima à superfície. O ar frio aprisiona os poluentes impedindo sua dispersão. Nesses dias, dá até para observar uma camada cinzenta cheia de poluentes sobre cidades como São Paulo.

Poluição do ar e inversão térmica

- ar quente
- camada de inversão
- ar frio e pesado aprisiona os poluentes
- A área montanhosa também dificulta a dispersão dos poluentes
- indústria
- superfície

Nas cidades, a poluição do ar agrava os problemas de saúde na população. Doenças respiratórias e cardíacas são as mais comuns. Entre as doenças respiratórias: alergias e infecções respiratórias como resfriados, gripes, sinusites e pneumonias.

Nos períodos de inversão térmica, os postos de saúde de muitas cidades ficam cheios. Crianças e idosos são os mais atingidos. Em São Paulo, nos dias mais poluídos, o número de mortes de idosos sobe em 10%. As internações em hospitais crescem 30% devido aos problemas respiratórios. Nas áreas atingidas por severa poluição industrial, como Cubatão, detectou-se a maior incidência de vários tipos de câncer na população, em decorrência da exposição a determinados tipos de poluentes nocivos.

> **Você sabia?**
>
> ### Poluição do ar em áreas rurais
>
> Nas áreas rurais, a prática de queimadas em florestas piora a qualidade do ar e também traz problemas de saúde à população. Muitas vezes, as queimadas são praticadas para "limpar" o solo e prepará-lo para o plantio. É uma prática incorreta, pois causa poluição do ar e destrói os nutrientes do solo.
>
> No interior de São Paulo e na Zona da Mata do Nordeste, costuma-se queimar os resíduos da cana-de-açúcar após a colheita, lançando grandes quantidades de poluentes como o gás carbônico na atmosfera.
>
> A pulverização de agrotóxicos feita por aviões sobre os cultivos também polui o ar em áreas rurais. Em grande parte dos municípios brasileiros, os principais causadores da poluição do ar são as queimadas e o excesso de poeira em suspensão devido ao solo sem vegetação e estradas não pavimentadas.

Chuva ácida

Nas regiões urbanas e industriais, poluentes como o dióxido de enxofre são lançados na atmosfera. Esses poluentes combinam-se com as moléculas de vapor-d'água nas nuvens, dando origem a diversos tipos de ácidos. Por sua vez, esses ácidos precipitam com a chuva dando origem à chuva ácida. A chuva ácida causa vários prejuízos:

- a corrosão de edifícios e monumentos históricos, como estátuas e esculturas que ficam ao ar livre;
- do aumento da acidez do solo e dos lagos;
- danos à vegetação dos bosques, parques, florestas naturais e também dos cultivos agrícolas.

Os poluentes podem ser deslocados pelo movimento das massas de ar para outros lugares ou até mesmo para outros países. Assim, pode ocorrer a formação de chuvas ácidas em locais afastados das cidades e centros industriais.

Não são apenas as áreas industriais que provocam as chuvas ácidas. As áreas florestais onde ocorrem queimadas, como partes da Amazônia, também estão sujeitas ao problema, em razão da formação de óxidos de carbono resultantes das queimadas na vegetação.

Aquecimento global

O efeito estufa é a capacidade da atmosfera reter calor. Sabemos que a Terra recebe radiação solar, porém parte desta radiação é refletida de volta para o espaço. A presença de gases como o dióxido de carbono (CO_2), poeira e vapor-d'água na atmosfera funciona como um escudo que faz com que uma parte desta radiação retorne à superfície. Assim, ocorre a retenção de calor.

Porém, a temperatura do nosso planeta está aumentando de forma rápida devido à intensificação do efeito estufa ou aquecimento global. No decorrer do século XX, houve um acréscimo de cerca de 0,7 °C na temperatura do planeta. A causa é o aumento das emissões de gás carbônico (CO_2) e outros poluentes pelas atividades humanas.

O efeito estufa normal

É um fenômeno natural, sem o qual a superfície da Terra seria, em média, 33 °C mais fria. Graças ao efeito estufa, a vida pôde surgir no planeta.

1. Radiação solar entra na atmosfera.
2. Parte dela é refletida pela atmosfera e volta ao espaço.
3. Outra parte da radiação é refletida pela Terra.
4. A maior parte é absorvida pela superfície terrestre e aquece o planeta.
5. A Terra emite calor na forma de radiação.
6. Parte dessa radiação deixa a atmosfera.
7. Outra parte é bloqueada pelo vapor d'água, dióxido de carbono e outros gases, aquecendo a atmosfera.

O efeito estufa agravado pela sociedade

8. A queima excessiva de combustíveis fósseis – petróleo e derivado e carvão – pelas atividades humanas e a destruição de florestas pelo fogo aumentam a concentração dos gases-estufa na atmosfera. Esse aumento intensifica a retenção do calor pelo efeito estufa, elevando a temperatura global.

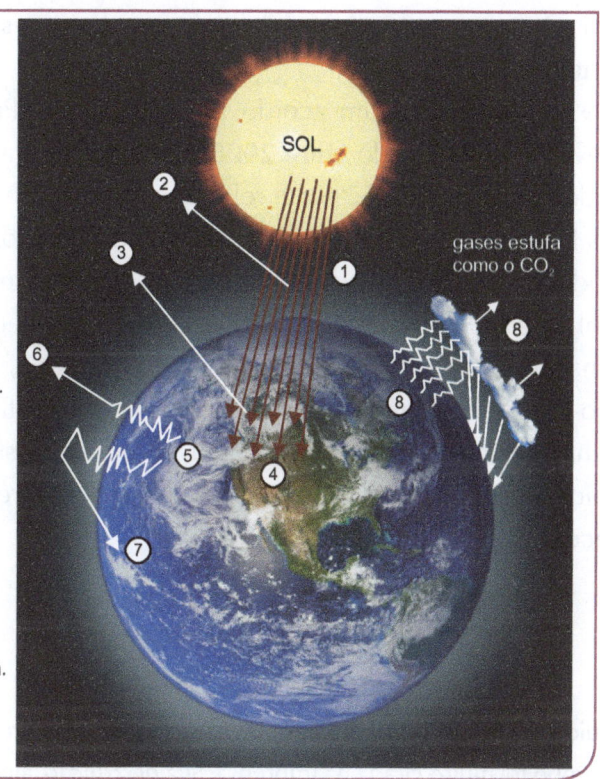

Os maiores responsáveis pela emissão dos poluentes são os países ricos e os emergentes, pois apresentam muitas indústrias, usinas de geração de energia e veículos. Os maiores emissores de gases de efeito estufa são: Estados Unidos, União Europeia, Brasil, Indonésia, Rússia, Índia e Japão. As emissões brasileiras são em 70% relacionadas às queimadas na Amazônia e no Cerrado. Assim, cerca de 30% é ocasionada por atividades industriais e veículos.

As consequências do aquecimento global em curso são graves, podem resultar em mudanças no clima do planeta. O aumento da temperatura já está provocando um degelo parcial das geleiras das regiões polares (Ártico e Antártida) e nas altas cadeias de montanhas.

Com o degelo, esse excesso de água flui para os oceanos, podendo causar um perigoso aumento no nível do mar (cerca de no mínimo 30 cm). O resultado pode ser catastrófico: o mar avançaria sobre as regiões costeiras e de baixa altitude, provocando inundações que atingiriam as cidades litorâneas.

Acredita-se que o aumento da temperatura será desigual nas várias regiões do planeta. Os países da zona intertropical sofrerão mais com o aumento da temperatura e as secas que poderiam causar prejuízos para a

Ônibus soltando fumaça em avenida do Rio de Janeiro.

agricultura. Outro risco é a extinção de plantas e animais que não conseguirem se adaptar ao aumento da temperatura.

Em 1997, foi fechado um acordo internacional, o Protocolo de Kyoto (cidade do Japão). O acordo deveria ser cumprido entre 2008 e 2012 e obriga os países desenvolvidos a reduzirem as emissões de poluentes em 5,2% em relação aos níveis de 1990. Porém, apesar da gravidade da situação, os Estados Unidos, o 2º maior poluidor do mundo, se recusaram a ratificar o protocolo. Os países subdesenvolvidos, inclusive as potências emergentes, como Brasil, Índia e China (1º poluidor do mundo), não são obrigados a reduzir, mas podem fazer reduções voluntárias.

No final das contas, o Protocolo de Kyoto fracassou, visto que a maioria dos países que assinaram não conseguiu diminuir suas emissões. Os cientistas afirmam que é necessário evitar que o aquecimento ultrapasse 2 ºC acima dos níveis atuais. Assim, é necessário firmar um novo acordo, mais ambicioso e rigoroso, caso contrário, o planeta corre o risco de uma tragédia ambiental e social no século 21.

Você sabia?

A redução da Camada de Ozônio

A destruição da camada de ozônio é um dos mais severos problemas ambientais da nossa era, e durante algum tempo foi muito citada na imprensa. Sua destruição, ainda que parcial, diminui a resistência natural que oferece à passagem dos raios solares nocivos à saúde de homens, animais e plantas. As consequências mais citadas seriam o câncer de pele, problemas oculares, diminuição da capacidade imunológica etc. O problema surgiu nos anos 30, quando algumas substâncias foram produzidas artificialmente em laboratório, principalmente para as aplicações em refrigeração.

Descobriu-se mais tarde que elas atacam a camada de ozônio, com a tendência de reduzi-la globalmente, e com um efeito devastador que acontece localmente na Antártica, conhecido como o buraco de ozônio da Antártica, aumentando assim a penetração dos raios ultravioleta indesejáveis.

Nos anos 80 iniciou-se uma verdadeira guerra para preservação da camada de ozônio, e uma de suas maiores vitórias foi a assinatura do Protocolo de Montreal, há mais de 10 anos. Por esse tratado, assinado em 1987 por vários países, todas as substâncias conhecidas por CFC (clorofluorcarbonetos), responsáveis pela destruição do ozônio, não seriam mais produzidas em massa.

O trabalho mundial que se realiza para salvar a camada de ozônio continua. (...)

O grande problema é que muitas das pequenas indústrias que produziam e ainda produzem substâncias "proibidas" não têm tido capacidade financeira de se adaptar aos ditames do Protocolo de Montreal, que prevê o congelamento da emissão dos CFCs, a partir de 1 de julho de 2000, nos níveis registrados entre 1995 e 1997. A eliminação total está prevista para 2010, e o nível de 50% está previsto, numa etapa intermediária, para 2005.

A maior vitória nesta guerra foi conquistada em 1987, quando a maioria dos países desenvolvidos parou de fabricar os CFCs. Para não prejudicar os países em desenvolvimento, foi-lhes concedido ainda um tempo adicional para se adaptar às novas exigências. Assim é que 84% da emissão de CFCs já foi eliminada, uma conquista extraordinária. A guerra, porém, ainda não está ganha. A Índia e a China são hoje ainda os maiores produtores e consumidores de CFCs.

A redução da camada de ozônio pode ser medida através do tamanho do buraco de ozônio da Antártica. Trata-se de uma região onde os efeitos destruidores dos CFCs são aumentados pelas condições climáticas do Polo Sul. Assim é que estamos numa época em que o tamanho do buraco é o maior já registrado. Apesar da vitória alcançada em 1987, os problemas ainda não estão totalmente resolvidos para a camada de ozônio, e o motivo é que não existe ainda um substituto ideal para repor o CFC. Hoje utiliza-se maciçamente substâncias conhecidas por HCFC, isto é, um CFC melhorado ecologicamente, mas que ainda tem em sua molécula um átomo de cloro, que mais cedo ou mais tarde, vai também atacar a camada de ozônio. Em outras palavras, a situação está teoricamente melhor, mas ainda não está resolvida. A guerra não está ganha ainda.

Não se pode esquecer que a camada de ozônio reage muito lentamente aos estímulos externos. O exemplo citado acima ilustra bem o que se afirma. A partir de 1987 foi quase eliminada a emissão de novas quantidades de CFC para a atmosfera, mas hoje ainda temos um buraco de ozônio na Antártica que está próximo ao seu tamanho máximo. Os cientistas dizem para explicar isso que a camada tem constante de tempo muito longa. A constante de tempo da camada de ozônio é muito grande, isto é, ela só vai reagir a um estímulo após dezenas de anos. A prova é que, há mais de 13 anos após a principal vitória na eliminação da emissão de CFCs, o buraco na camada de ozônio ainda continua próximo ao seu máximo.

Em 1998 o tamanho do buraco de ozônio da Antártica foi o maior já registrado, com 27 milhões de quilômetros quadrados, ou seja, mais de 3 vezes o tamanho do Brasil. (...)

Por tudo isso, continua o monitoramento da camada de ozônio em todo o mundo, a partir da superfície terrestre, de satélites, de aeronaves, usando as técnicas mais diversas. Não podemos esquecer que a guerra ainda levará muitos anos, até que finalmente, poderemos de fato não mais nos preocupar com radiação ultravioleta danosa aos seres vivos, quando a camada de ozônio estiver recuperada.

Disponível em: <www.dge.inpe.br/ozonio/kirchhoff/html/artigo2.html>. Acesso em: jul. 2012.

1979

1998

2000

2005

Fotos: Nasa

ATIVIDADES

1) Complete o texto a seguir com o banco de palavras: inverno, pluviosidade, equatorial, friagem, úmido, continental, distribuída, amplitude, influência.

No norte do Brasil, predomina o clima _____ quente e

muito _____. Nesta região, a _____

térmica é pequena, ou seja, ocorre pouca diferença entre a menor e a maior temperatura.

A _____ é abundante e bem _____

durante todo o ano, havendo expressiva _____ da

massa Equatorial atlântica e da massa Equatorial _____.

Durante o _____, ocorre a penetração de frentes frias que

causam uma suave queda de temperatura, chamada _____.

2) Quais são as consequências da exposição à radiação ultravioleta?

_____
_____
_____

3) Como a inversão térmica agrava a poluição do ar nas cidades?

_____
_____
_____
_____

4) Como as queimadas afetam de maneira negativa a atmosfera nas áreas rurais?

_____
_____
_____
_____

5 Explique a relação entre temperatura e número de óbitos na cidade de Rio Claro (SP) a partir da interpretação do gráfico a seguir.

Temperaturas e óbitos – Inversão térmica

Variação Semestral das Temperaturas médias e dos óbitos na cidade de Rio Claro – SP (Outono/Inverno 1994 – Outono/Inverno 1997)

_____

_____

_____

_____

_____

_____

6 Identifique o problema ambiental destacado no mapa a seguir. Interprete o mapa, indicando os países que mais emitem dióxido de carbono.

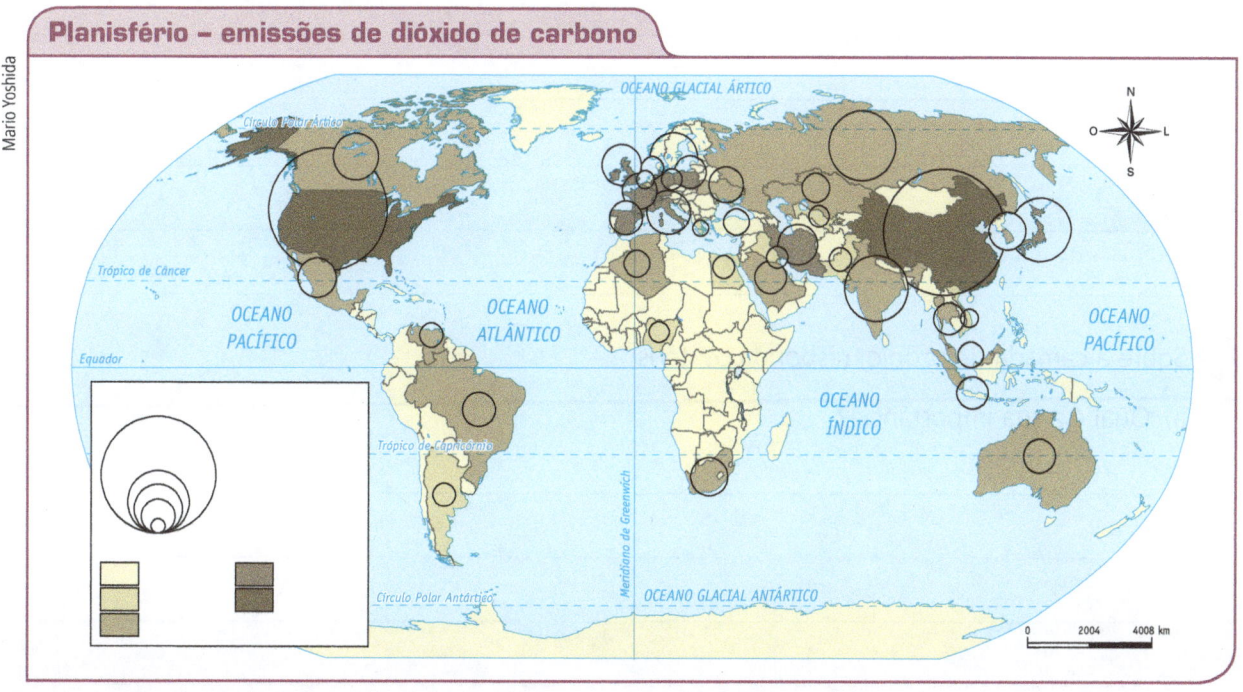

Planisfério – emissões de dióxido de carbono

Fonte: Ferreira, Graça Maria Lemos. *Atlas geográfico espaço mundial*. São Paulo: Moderna, 2010. E CIA - The Word Factbook. Disponível em: <www.cia.gov.library/publications/the-word-factbook/geos.html>. Acesso em: jul. 2012.

_____

_____

_____

_____

_____

_____

_____

117

7 Com o auxílio dos gráficos A e B ao lado, explique a causa do aquecimento global. Cite suas prováveis consequências.

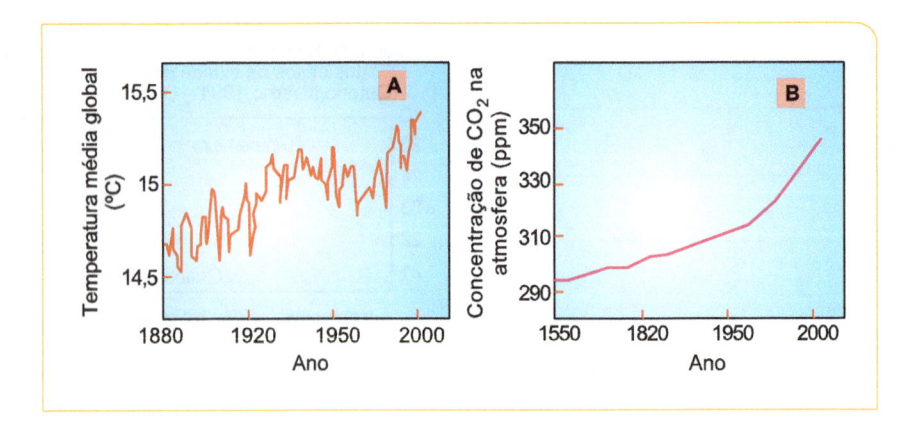

8 Sobre a camada de ozônio, responda os itens:

a) Qual é a sua importância?

b) Qual é a causa da diminuição de espessura na camada de ozônio?

9 Elaboração de climograma.

Agora vamos elaborar um climograma na prática, conforme o exemplo do climograma do Rio de Janeiro que estudamos na teoria.

Para elaborar o gráfico, vamos utilizar os dados de temperatura e chuva da cidade de São Paulo da tabela a seguir.

Meses	Temperatura	Chuva em mm
Janeiro	22,3	233,1
Fevereiro	22,7	231,2
Março	22,2	163,6
Abril	20,3	73
Maio	18,2	75
Junho	16,9	55,5
Julho	16,4	43,8
Agosto	17,6	47,3
Setembro	18,3	72,4
Outubro	19,2	125,5
Novembro	20,5	145,9
Dezembro	21,4	197,4

No gráfico abaixo, marque com lápis um ponto com temperatura média a cada mês utilizando a escala da esquerda. Depois, unir os pontos fazendo uma linha de temperatura com cor vermelha.

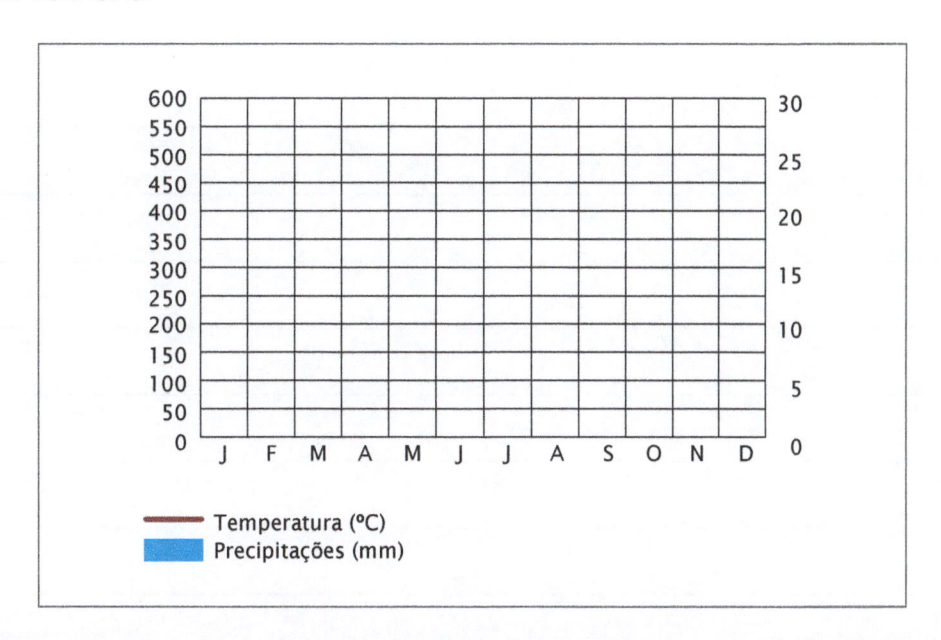

Depois, marque com lápis uma linha vertical com pluviosidade a cada mês utilizando a escala da direita. Depois, fazer uma barra vertical para cada mês com cor azul.

10 Após a elaboração do climograma, elabore um texto abordando: o tipo de clima de São Paulo, a estação do ano mais chuvosa, a estação do ano mais seca, o total pluviométrico anual, a estação do ano com maiores temperaturas, a estação do ano com menores temperaturas e a estação do ano onde a poluição é mais grave.

Capítulo 8

A SOCIEDADE E A HIDROSFERA

Não haveria vida na Terra sem a água. Ela é encontrada em rios, lagos, lençóis freáticos (subterrâneos) e oceanos. É um dos mais valiosos recursos naturais utilizados pela humanidade.

Nas últimas décadas houve um aumento excessivo no consumo, devido ao crescimento da população e das atividades econômicas. As obras humanas mudaram a hidrografia de muitos rios e do litoral. E a poluição já degradou grande parte dos recursos hídricos.

Acúmulo de lixo no Rio Negro (AM), 2010.

A importância e a degradação da água

Como podemos observar no gráfico a seguir, a água doce corresponde a apenas 6% do total de água do planeta, sendo que apenas 0,03% está na superfície e na atmosfera.

A interferência humana tem mudado o ciclo e a dinâmica da água na superfície terrestre. Alguns rios foram canalizados e retificados. Reservatórios foram construídos para o abastecimento de água e geração de energia. Águas de rios foram desviadas para irrigar plantações e suprir as necessidades da indústria.

Apesar de sua importância, a sociedade não está conservando adequadamente os recursos hídricos. Rios e mares têm sido poluídos por esgotos domésticos, resíduos industriais e por lixo.

Com o desmatamento em suas margens, acontece o aumento da erosão e os rios sofrem com assoreamento, ou seja, ficam com seus leitos cheios de sedimentos. O assoreamento prejudica a fauna aquática e dificulta seu uso para a navegação pois o rio fica com pouca profundidade.

Outro problema é o vazamento de petróleo e seus derivados nos oceanos, no litoral e nas proximidades de indústrias petroquímicas. Isto acontece devido aos frequentes acidentes com navios petroleiros e oleodutos.

As bacias hidrográficas do Brasil

O Brasil tem uma das maiores disponibilidades de água doce do mundo.

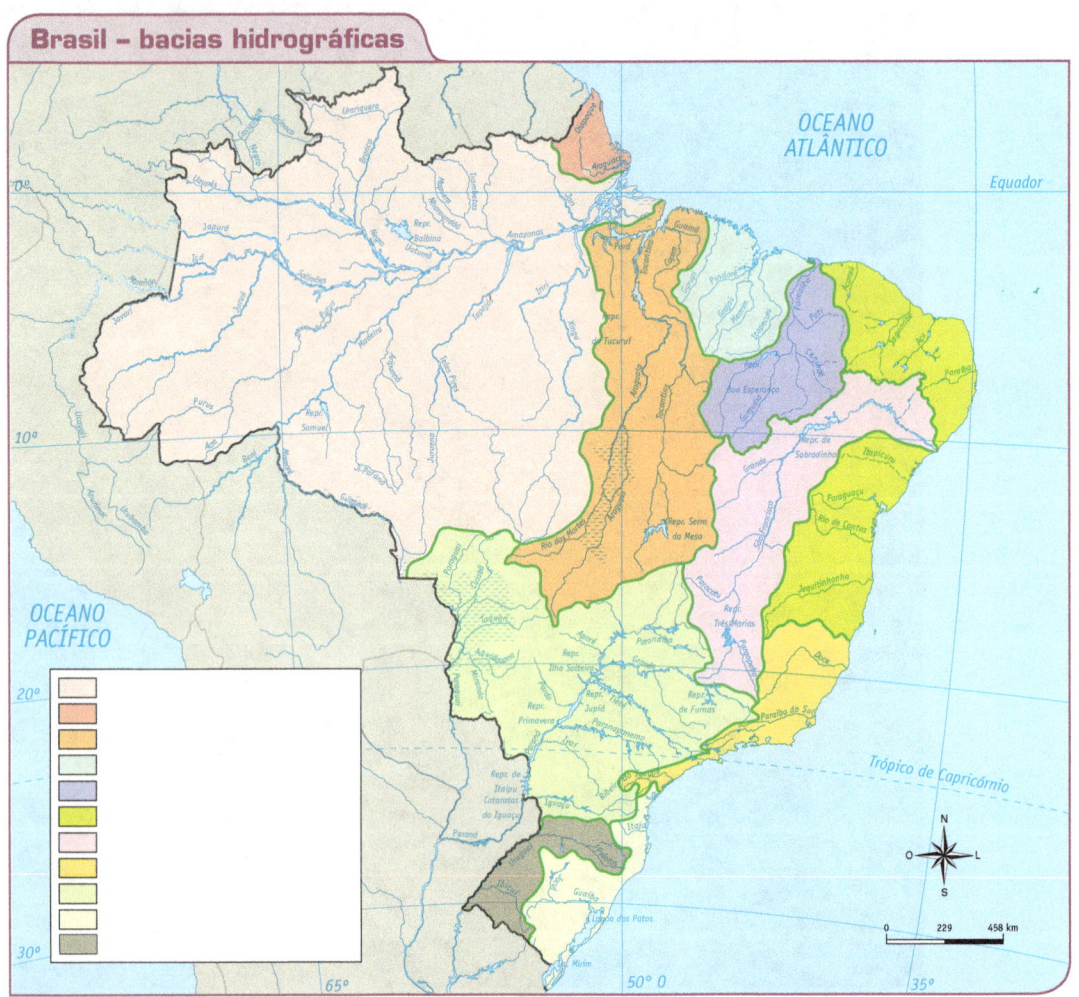

Brasil – bacias hidrográficas

Fonte: Ferreira, Graça Maria Lemos. *Atlas geográfico espaço mundial*. São Paulo: Moderna, 2010.

O Brasil possui 13,7% da água doce do planeta e apresenta extensas bacias hidrográficas que são utilizadas em diversas atividades sociais e econômicas.

Os rios brasileiros dispõem de trechos navegáveis que facilitam a implantação de hidrovias. Também são bastante utilizados na instalação de hidrelétricas que são responsáveis por 91% de toda a energia elétrica consumida no país.

As bacias principais

Bacia Amazônica

A bacia Amazônica é a maior bacia hidrográfica do mundo, ocupando a maior parte do norte da América do Sul, em sua maior parte no território brasileiro. Essa bacia é comandada pelo maior rio do mundo em volume de água: o Amazonas, responsável por 15% de toda a água doce lançada nos oceanos. Também lidera em extensão, pois possui cerca de 7100 km da nascente até sua foz, superando o Nilo (na África) e o Mississipi (nos Estados Unidos).

O rio Amazonas nasce no território do Peru, na Cordilheira dos Andes, após receber as águas de um afluente, o rio Negro, nas proximidades de Manaus.

O rio Amazonas tem regime misto: parte nival (derretimento de neve dos Andes) e parte pluvial (predominante), estando sujeito ao clima equatorial.

Como grande parte da população da Amazônia é ribeirinha (mora nas planícies fluviais da região), os rios da Bacia Amazônica são bastante utilizados como meio de transporte. As hidrovias comerciais mais importantes são as dos rios Madeira e Tapajós, responsáveis pelo escoamento da produção de soja dos estados de Mato Grosso e Rondônia, para exportação.

A Bacia Amazônica possui o maior potencial para a construção de hidrelétricas no país. Porém, apresenta apenas duas usinas de grande porte. A primeira é Balbina, construída no rio Uatumã, afluente do rio Amazonas, com a finalidade de abastecer de energia a cidade de Manaus. A segunda é Samuel, construída no rio Jamari, afluente do rio Madeira, para abastecer principalmente o estado de Rondônia.

No rio Madeira, estado de Rondônia, estão sendo construídas duas novas hidrelétricas, Jirau e Santo Antônio. No rio Xingu, estado do Pará, está em projeto a construção da hidrelétrica de Belo Monte.

Rio Amazonas.

Bacia do Rio Tocantins

O rio Tocantins nasce na região Centro-Oeste do país e tem como afluente mais significativo o rio Araguaia, no qual fica a maior ilha fluvial do mundo, a ilha do Bananal. Os rios Tocantins e Araguaia apresentam expressivo potencial hidroviário.

No Tocantins, foi construída a segunda maior hidrelétrica do país, Tucuruí, localizada no sul do Pará, com a finalidade inicial de abastecer de energia grandes projetos de mineração.

Bacia do Rio São Francisco

A Bacia do São Francisco encontra-se totalmente em território brasileiro. O importante rio São Francisco nasce na serra da Canastra (MG), em área de clima tropical de altitude, atravessando o semiárido nordestino até chegar ao Atlântico.

O rio São Francisco é vital para o Nordeste. Suas águas são utilizadas no abastecimento humano, lazer, irrigação na agricultura, navegação e geração de energia. Rio São Francisco na divisa dos Estados de Sergipe e Alagoas.

Ligando as regiões Sudeste e Nordeste, este rio constitui uma importante hidrovia, sendo considerado o "rio da unidade nacional". É navegável entre Pirapora (MG) e o lago da usina hidrelétrica de Sobradinho, em Juazeiro (BA). Pelo fato de ser um rio perene, que não seca nunca, e atravessar o sertão castigado pela semiaridez, o São Francisco é imprescindível para o abastecimento de água e para a agricultura irrigada. O rio São Francisco abastece de energia a maior parte dos estados do Nordeste, através das hidrelétricas nele instaladas: Sobradinho, Xingó, Paulo Afonso e Itaparica.

Bacia Platina

É formada por três importantes rios, que não se comunicam no território brasileiro: Paraná, Paraguai e Uruguai, que se juntam apenas no território dos países vizinhos (Argentina e Uruguai), formando o rio do Prata, que desemboca no Oceano Atlântico.

O rio Paraná é o mais importante, sendo formado pelos rios Paranaíba e Grande, e recebendo afluentes como o Tietê, Paranapanema e Iguaçu. Na região em que o Iguaçu lança suas águas no rio Paraná, localizam-se as cataratas do Iguaçu. A bacia do Paraná possui o maior número de usinas hidrelétricas construídas no Brasil, abastecendo a maior parte do centro-sul do país. A maior do país é Itaipu, responsável por 25% da energia consumida no país. Foi construída no rio Paraná em parceria com o Paraguai. Outras hidrelétricas importantes são: Jupiá e Ilha Solteira, Porto Primavera e Furnas. Essa bacia também concentra a mais importante hidrovia do país: a Tietê-Paraná.

O rio Paraguai associa-se, em grande parte, à planície e pantanal mato-grossense, possuindo um longo trecho navegável. A principal hidrelétrica é a usina de Manso.

O rio Uruguai tem sido aproveitado como hidrovia e também tem permitido a instalação de hidrelétricas, a exemplo da usina de Itá.

Barca carregada de soja na hidrovia Tietê-Paraná.

ATIVIDADES

1 Leia a letra da música a seguir e reproduza dois trechos que se referem à importância da água para a humanidade.

Planeta água
(Música: Guilherme Arantes)

Água que nasce na fonte
Serena do mundo
E que abre o profundo grotão
Água que faz inocente riacho
E deságua na corrente do ribeirão
Águas escuras dos rios
Que levam a fertilidade ao sertão
Águas que banham aldeias
E matam a sede da população
Águas que caem das pedras
No véu das cascatas

Ronco de trovão
E depois dormem tranquilas
No leito dos lagos
Água dos igarapés
Onde Iara, mãe d'água
É misteriosa canção
Água que o sol evapora
Pro céu vai embora
Virar nuvens de algodão
Gotas de água da chuva
Alegre arco-íris

Sobre a plantação
Gotas de água da chuva
Tão tristes
São lágrimas na inundação
Águas que movem moinhos
São as mesmas águas
Que encharcam o chão
E sempre voltam humildes
Pro fundo da terra
Pro fundo da terra
Terra, planeta água

_____
_____
_____
_____
_____
_____
_____

125

2 Escreva sobre a característica do rio representado pela fotografia a seguir.

_____

_____

_____

_____

_____

_____

Rio Culuene (MT).

3 Mencione três utilizações importantes das águas da bacia amazônica.

_____

_____

_____

4 Mencione três importantes utilizações das águas da bacia do rio São Francisco.

_____

_____

_____

5 Cite duas importantes funções da bacia do Paraná.

_____

_____

_____

Impactos sociais e ambientais da construção de hidrelétricas

A geração de energia através de hidrelétricas não causa poluição do ar. Mesmo assim, a construção dessas usinas causa diversos problemas ambientais e sociais.

São diversos os impactos na natureza. Com a construção da barragem, os rios ficam represados formando grandes reservatórios de água que recobrem muitas vezes áreas ocupadas por vegetação e animais silvestres.

Famílias inteiras são obrigadas a se retirar da área a ser recoberta pelo reservatório, perdendo suas casas e fazendas. Em alguns casos, cidades inteiras ficaram submersas debaixo dos reservatórios. Assim, torna-se necessário construir novas em outro lugar.

A população que depende dos rios para sobreviver é bastante prejudicada. Por exemplo, a construção da hidrelétrica de Estreito no rio Tocantins (TO e MA) pode arruinar a vida de famílias inteiras que dependem destas terras para a agricultura de subsistência, coleta do coco, babaçu e pesca.

Em alguns casos, famílias que perderam suas terras na construção da hidrelétrica de Serra da Mesa (GO), hoje vivem em situação de miséria na periferia das cidades, pois a indenização foi muito baixa e eles perderam seu trabalho.

Você sabia?

Belo Monte: a hidrelétrica polêmica

A Hidrelétrica de Belo Monte, no Rio Xingu (PA), pertencente à Bacia Amazônica, será a terceira maior hidrelétrica do mundo. Belo Monte deverá abastecer tanto a Amazônia quanto o Centro-Sul do Brasil. Segundo o governo, a hidrelétrica é vital para o suprimento de energia, visto que o consumo aumentou bastante com o crescimento da economia brasileira.

Em 2011, o consórcio Norte Energia obteve do IBAMA uma licença prévia para instalar o canteiro de obras da usina, tal como foi feito pelas empresas responsáveis para construção da usinas de Jirau e Santo Antônio, no Rio Madeira. O consórcio, entretanto, tem concentrado esforços para elaborar o mais rápido possível o Projeto Básico Ambiental (PBA) para conseguir a licença definitiva de instalação.

Ambientalistas e populações ribeirinhas da região são contra a construção de Belo Monte e já fizeram várias manifestações, inclusive em Brasília. Afirmam que os impactos ambientais e sociais vão ser negativos, a exemplo da remoção de habitantes como povos indígenas e da Floresta Amazônica da área que será recoberta pelo reservatório.

Protesto contra a construção da Usina Hidrelétrica de Belo Monte, 2010.

Aquíferos: importância da água subterrânea

Como sabemos, parte da água da chuva infiltra no solo e atinge as rochas no subsolo. Assim, damos o nome de aquífero às rochas porosas e permeáveis, ou seja, que acumulam bastante água. Desse modo, são formados lençóis freáticos com água suficiente para uso social e econômico.

No Brasil e no mundo, cresce o uso da água subterrânea para o abastecimento das cidades e zonas rurais. Em algumas regiões, foram construídos poços artesianos, que facilitam a obtenção de água para o abastecimento da população.

No centro-sul do Brasil, encontra-se um dos maiores reservatórios de água subterrânea do mundo, o Aquífero Guarani. Este aquífero é responsável pelo abastecimento de importantes cidades do interior paulista como Ribeirão Preto, Matão e Catanduva. Suas águas também são usadas na irrigação agrícola e áreas de lazer.

Você sabia?

Aquífero Alter do Chão pode ser o maior do mundo

Um grupo de pesquisadores da Universidade Federal do Pará (UFPA) apresentou um estudo, na sexta-feira (16), que aponta o Aquífero Alter do Chão como o de maior volume de água potável do mundo. A reserva subterrânea está localizada sob os estados do Amazonas, Pará e Amapá e tem volume de 86 mil km^3 de água doce, o que seria suficiente para abastecer a população mundial em cerca de 100 vezes, ainda de acordo com a pesquisa. Um novo levantamento, de campo, deve ser feito na região para avaliar a possibilidade de o aquífero ser ainda maior do que o calculado inicialmente pelos geólogos.

Em termos comparativos, a reserva Alter do Chão tem quase o dobro do volume de água potável que o Aquífero Guarani – com 45 mil km^3 de volume –, até então considerado o maior do país e que passa pela Argentina, Paraguai e Uruguai. "Os estudos que temos são preliminares, mas há indicativos suficientes para dizer que se trata do maior aquífero do mundo, já que está sob a maior bacia hidrográfica do mundo, que é a do Amazonas/Solimões. O que nos resta agora é convencer toda a cadeia científica do que estamos falando", disse Milton Matta, geólogo da UFPA.

O Aquífero Alter do Chão deve ter o nome mudado por ser homônimo de um dos principais pontos turísticos do Pará, o que costuma provocar enganos sobre a localização da reserva de água. "Estamos propondo que passe a se chamar Aquífero Grande Amazônia e assim teria uma visibilidade comercial mais interessante", disse Matta, que coordenou a pesquisa e agora busca investimento para concluir a segunda etapa do estudo no Banco Mundial e outros patrocinadores científicos.

De gota em gota – o geólogo informou que a segunda etapa de pesquisa será a visita aos poços já existentes na região do aquífero. "Pretendemos avaliar o potencial de vazão. Dessa maneira teremos como mensurar a capacidade de abastecimento da reserva e calcular a melhor forma de exploração da água, de maneira que o meio ambiente não seja comprometido", disse.

Para Marco Antonio Oliveira, superintendente do Serviço Geológico do Brasil, em Manaus, a revelação de que o Aquífero Alter do Chão é o maior do mundo comprova que esse tipo de reserva segue a proporção de tamanho da Bacia Hidrográfica que fica acima dela. "Cerca de 40% do abastecimento de água de Manaus é originário do Aquífero Alter do Chão. As demais cidades do Amazonas têm 100% do abastecimento tirado da reserva subterrânea. São Paulo, por exemplo, tem seu abastecimento em torno de 30% vindo do Aquífero Guarani."

Oliveira disse que a reserva, na área que corresponde a Manaus, já está muito contaminada. "É onde o aquífero aflora e também onde a coleta de esgoto é insuficiente. Ainda é alto o volume de emissão de esgoto 'in natura' nos igarapés da região."

Recuperação da reserva – Oliveira faz um alerta para a exploração comercial da água no Aquífero Alter do Chão. "A água dessa reserva é potável, o que demanda menos tratamento químico. Por outro lado, a médio e longo prazo, a exploração mais interessante é da água dos rios, pois a recuperação da reserva é mais rápida. A vazão do Rio Amazonas é de 200 mil m³/segundo. É muita água. Já nas reservas subterrâneas, a recarga é muito mais lenta. Ele destaca a qualidade da água que pode ser explorada no Alter do Chão. "A região amazônica é menos habitada e por isso menos poluente. No Guarani, há um problema sério de flúor, metais pesados e inseticidas usados na agricultura. A formação rochosa é diferente e filtra menos a água da superfície. No Alter do Chão as rochas são mais arenosas, o que permite uma filtragem da recarga de água na reserva subterrânea", disse Oliveira.

Disponível em: <http://ecoviagem.uol.com.br/noticias/ambiente/nossa-agua/aquifero-na-amazonia-pode-ser-o-maior-do-mundo-dizem-geologos-11733.asp>. Acesso em: jul. 2012

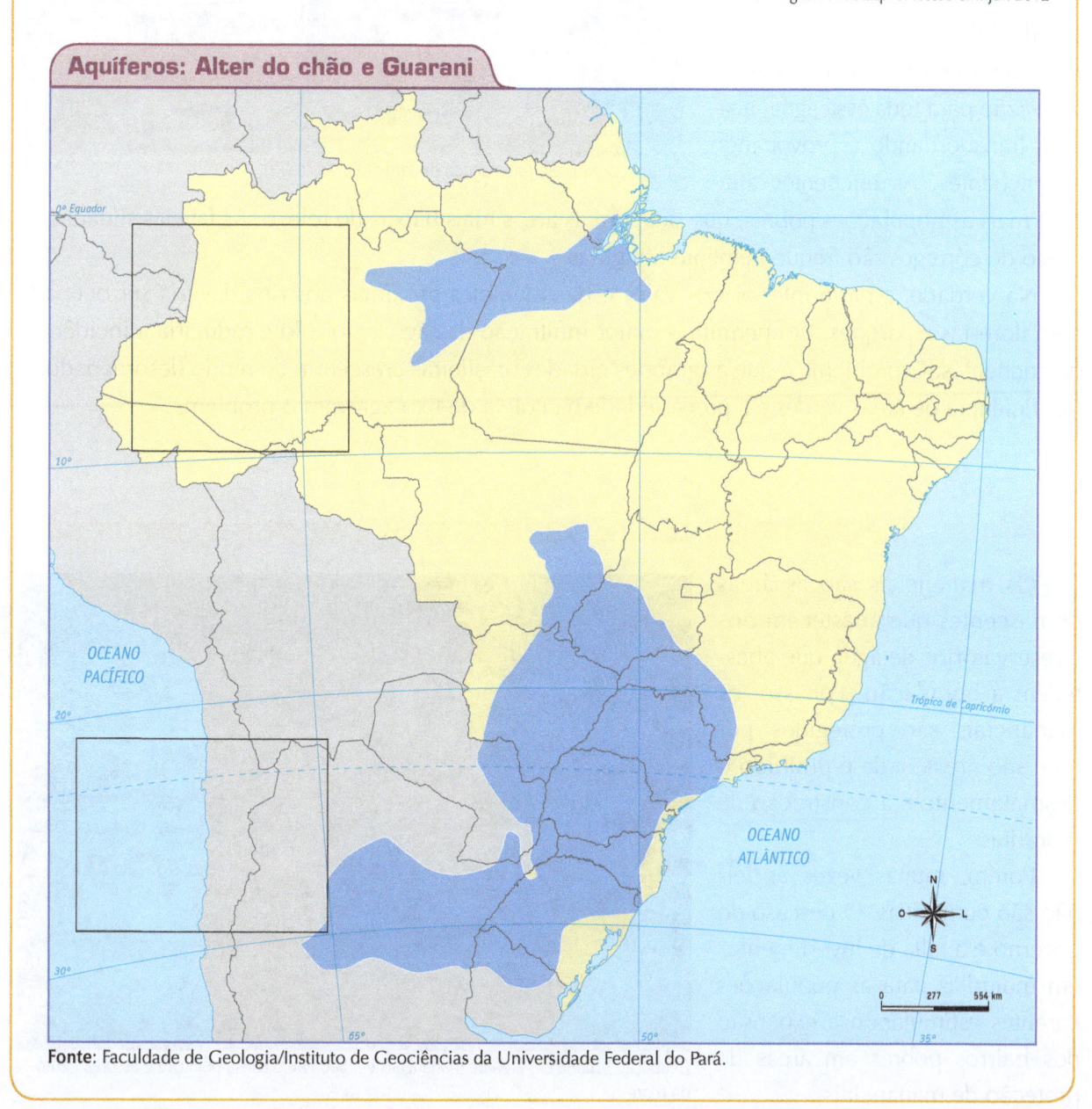

Aquíferos: Alter do chão e Guarani

Fonte: Faculdade de Geologia/Instituto de Geociências da Universidade Federal do Pará.

Enchentes

As enchentes ocorrem tanto nas cidades quanto em áreas rurais, sendo um fenômeno natural. Em grandes cidades, a maior frequência do problema decorre das mudanças que a sociedade provoca na superfície.

A impermeabilização do solo pelo concreto e asfalto faz com que a água da chuva tenha dificuldades para se infiltrar no solo. Assim, a maior parte da água escoa superficialmente. Isso faz com que um grande volume de água atinja rapidamente os rios, córregos e canais artificiais (bueiros e galerias fluviais).

Como os rios não conseguem dar vazão para toda essa água, acabam transbordando e provocando as enchentes. As enchentes atingem mais as populações pobres, que ocupam as áreas mais baixas do relevo. As favelas situadas ao longo de córregos são frequentemente atingidas.

Ônibus parados em rua alagada do Jardim Botânico (RJ).

Na verdade, a parte inferior dos vales e das planícies próximas aos rios deveria ser ocupada com florestas e parques. Isto permitiria maior infiltração das águas no solo e reduziria a incidência de enchentes. O problema é que as grandes cidades brasileiras cresceram de modo desordenado. A insuficiência de áreas verdes e a precariedade na coleta de lixo agravam o problema.

Água, crescimento desordenado das cidades e poluição

Os mananciais são as áreas de nascentes que abastecem rios e reservatórios de água que abastecem a população. Por isso, os mananciais são protegidos por lei e são áreas onde é proibido o desmatamento e a construção de moradias.

Porém, muitas vezes as leis não são cumpridas. O descaso do governo e a falta de investimentos em moradias para as populações carentes estimularam a expansão dos bairros pobres em áreas de proteção de mananciais.

Ocupação urbana em área de mananciais em São Paulo causa poluição e assoreamento da represa.

Na região metropolitana de São Paulo, a situação é alarmante. O desmatamento no entorno das represas de Guarapiranga e Billings aumentou a erosão, provocando o assoreamento de algumas partes desses reservatórios. Por sua vez, parte dos esgotos e até o lixo são jogados nas águas das represas sem qualquer tratamento.

A poluição dos reservatórios somada ao desperdício de água já está comprometendo o abastecimento da população. Nos períodos mais secos, é cada vez mais frequente a adoção do "racionamento" de água.

Você sabia?

Desperdício de água

Como você se relaciona com a água? Você economiza ou desperdiça água? No Brasil, além da poluição dos recursos hídricos, ocorre outro problema grave, o desperdício de água. O problema começa com os grandes vazamentos nas adutoras e encanamentos das empresas que distribuem a água. Acredita-se que cerca de 30% da água é perdida no caminho entre os reservatórios e os consumidores.

O desperdício continua com os consumidores, a exemplo da lavagem doméstica de automóveis, banhos demorados, lavagens de quintais e calçadas.

Devido à sua abundância no Brasil, nem todas as pessoas se conscientizaram da importância da água para a vida e da necessidade de economizá-la. Seu tratamento e sua distribuição têm custos que são pagos pelo consumidor comum, o mesmo que a desperdiça. Apesar de a água ser um recurso renovável, sua conservação é fundamental para garantir o abastecimento humano e as atividades econômicas. Portanto, é necessário combater a poluição e o desperdício, além de recuperar as bacias hidrográficas do país.

Antes de abrir a torneira...

A descarga de um vaso sanitário despeja 10 litros de água em 6 segundos. Uma válvula defeituosa pode triplicar o consumo.

Lavar a calçada durante 15 minutos com a mangueira aberta pode gastar até 280 litros de água. Use a vassoura.

São gastos de 215 a 560 litros de água para se lavar o carro com a mangueira aberta durante meia hora. Se você trocar a mangueira pelo balde, esse volume pode diminuir para 40 litros.

Escovar os dentes com a torneira aberta gasta 12 litros d'água. Caso você more em um apartamento, essa quantidade pode subir para 80 litros. Mas, se você fechar a torneira enquanto escova os dentes, vai gastar só 1 litro de água.

ATIVIDADES

1 Escreva sobre uma vantagem e uma desvantagem da construção de uma hidrelétrica.

_____
_____
_____
_____
_____

2. Explique a relação entre chuva, impermeabilização do solo e enchentes.

3. Quais são as principais causas da poluição das águas no Brasil?

4 A partir da interpretação do mapa a seguir e com o auxílio de um Atlas, responda os itens.

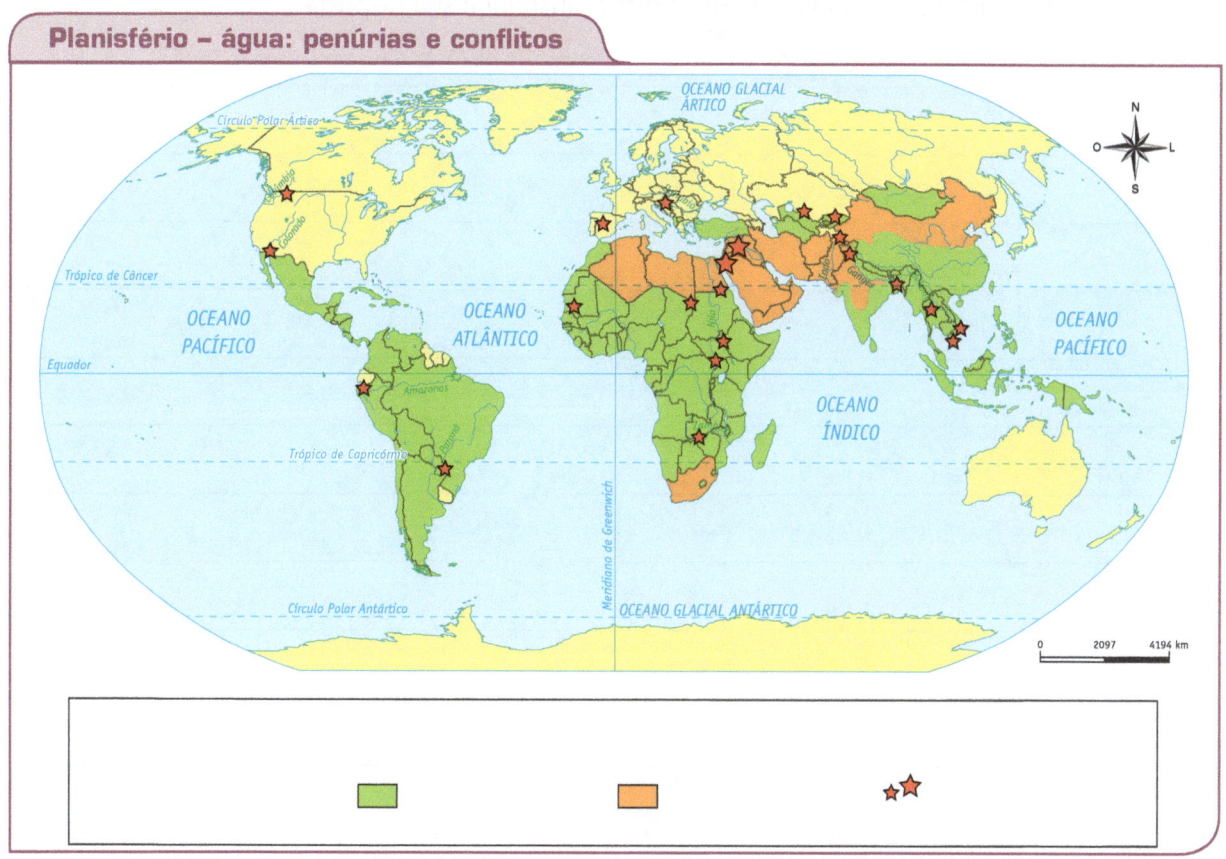

Planisfério – água: penúrias e conflitos

Fonte: FERREIRA, Graça Maria Lemos. *Atlas geográfico espaço mundial*. São Paulo: Moderna, 2010. E CIA - The World Factbook. Disponível em: <www.cia.gov/library/publications/the-world-factbook/geos.html>. Acesso em: jul. 2012.

a) Cite três países de continentes diferentes que vão ser afetados pela escassez de água até 2025.

_____

_____

b) Em que rios já são verificados conflitos entre países devido a divergências no uso da água?

_____

_____

_____

_____

_____

_____

_____

133

5 A partir da leitura do texto "Belo Monte: a hidrelétrica polêmica" (página 127), dê sua opinião favorável ou contra a construção da hidrelétrica. Justifique sua resposta.

_____
_____
_____
_____
_____
_____
_____
_____
_____
_____
_____
_____
_____
_____

6 A partir da leitura do texto "Aquífero Alter do Chão pode ser o maior do mundo" (página 128), em sua opinião, como a água do aquífero poderia ser utilizada?

_____
_____
_____
_____
_____
_____
_____
_____

7 Se você fosse prefeito, quais medidas você tomaria para combater o desperdício e a poluição da água em seu município?

_____
_____
_____
_____
_____
_____
_____
_____
_____
_____
_____
_____
_____
_____
_____
_____
_____
_____
_____
_____
_____
_____
_____
_____

Capítulo 9

SOCIEDADE, RELEVO E SOLO

O relevo, a forma da superfície, pode parecer imutável para nós. Porém, ele é modificado todo o tempo, embora muitas vezes não percebamos, a não ser que algum fenômeno da natureza, como uma erupção vulcânica, ou uma interferência humana o transforme rapidamente. O relevo e o solo têm grande importância nas atividades sociais e econômicas.

Bairro da periferia do Rio de Janeiro com casas ocupando as encostas de morros, 2010.

Como se forma o relevo da superfície terrestre?

O relevo é o conjunto de formas da superfície do planeta. O relevo exerce bastante influência na distribuição da população e nas atividades econômicas. A escolha das melhores áreas para o estabelecimento de moradias, cidades, agricultura e vias de transporte depende do conhecimento sobre o relevo e os solos.

O relevo é formado por um conjunto de forças internas. As forças internas são provenientes do interior do planeta. As forças externas são comandadas pela ação das águas, dos ventos e dos seres vivos. A própria sociedade humana, responsável pela produção do espaço geográfico, constitui um fator importante na modelagem do relevo.

As forças internas

A estrutura do relevo é formada pelas rochas que integram a crosta sólida do planeta, a litosfera. As forças internas ajudam a formar essa estrutura e também promovem modificações no relevo.

As forças internas são os vulcões, os terremotos e a movimentação das placas tectônicas, grandes placas rochosas que deslizam sobre o magma, que integram a crosta terrestre. Quando se movimentam, essas placas provocam uma lenta alteração na posição dos continentes (deriva continental). As áreas de contato (colisão ou afastamento) entre as placas são as regiões mais instáveis do mundo. São as áreas onde ocorrem os terremotos de maior intensidade, os tsunamis e vulcanismo ativo.

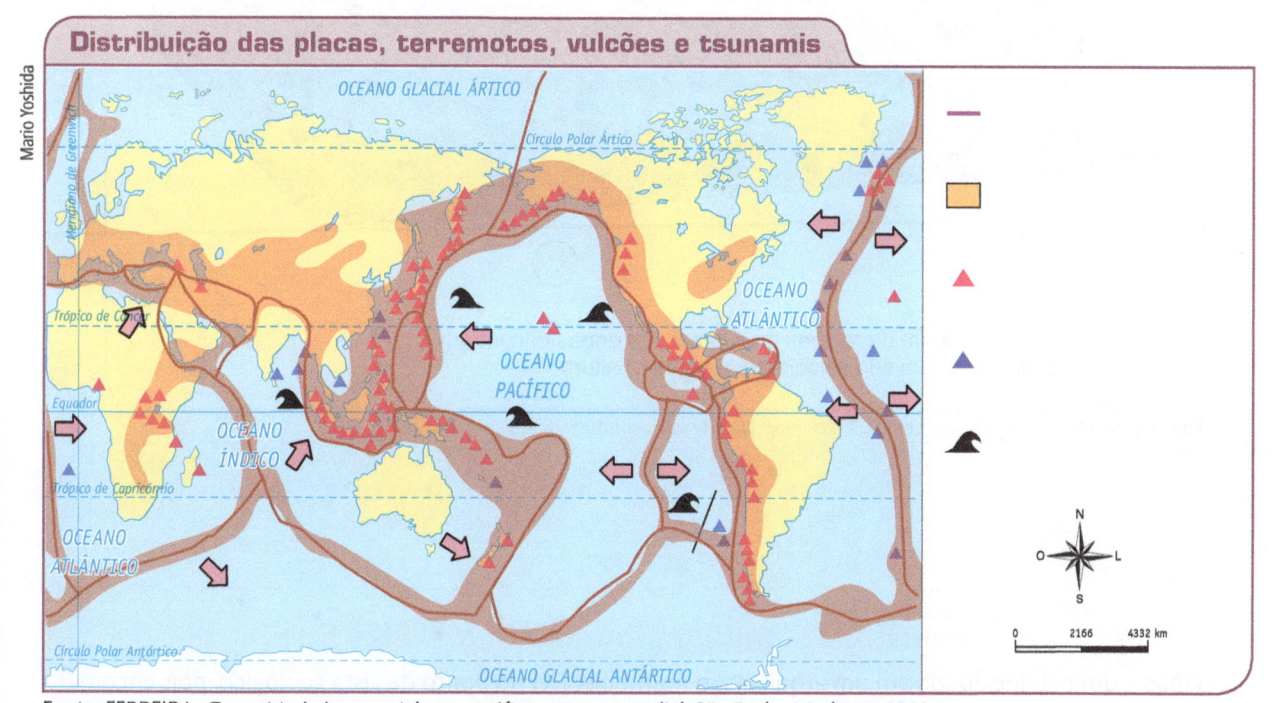

Distribuição das placas, terremotos, vulcões e tsunamis

Fonte: FERREIRA, Graça Maria Lemos. *Atlas geográfico espaço mundial*. São Paulo: Moderna, 2010.

Tsunami: causas e consequências

Os *tsunamis* ou maremotos são ondas gigantes que se formam no oceano. Sua principal causa é a ocorrência de um terremoto submarino de grande intensidade na área de colisão entre placas tectônicas. As ondas sísmicas causadas pelo terremoto e deslizamentos de terra submarinos provocam a formação do *tsunami* na superfície do oceano. Portanto, as regiões mais vulneráveis são os litorais de oceanos em que existe colisão entre placas tectônicas.

Quando um tsunami atinge o litoral, as consequências podem ser grandes perdas materiais e até perda de vidas humanas. Em 2004, no oceano Índico, um tsunami provocado por um terremoto submarino de 9,0 graus na escala Richter atingiu a Indonésia, Tailândia, Índia e Sri Lanka causando prejuízos econômicos e a morte de mais de 250 mil pessoas. Nos últimos anos, tsunamis também atingiram as ilhas Samoa, novamente a Indonésia, o Chile e o Japão.

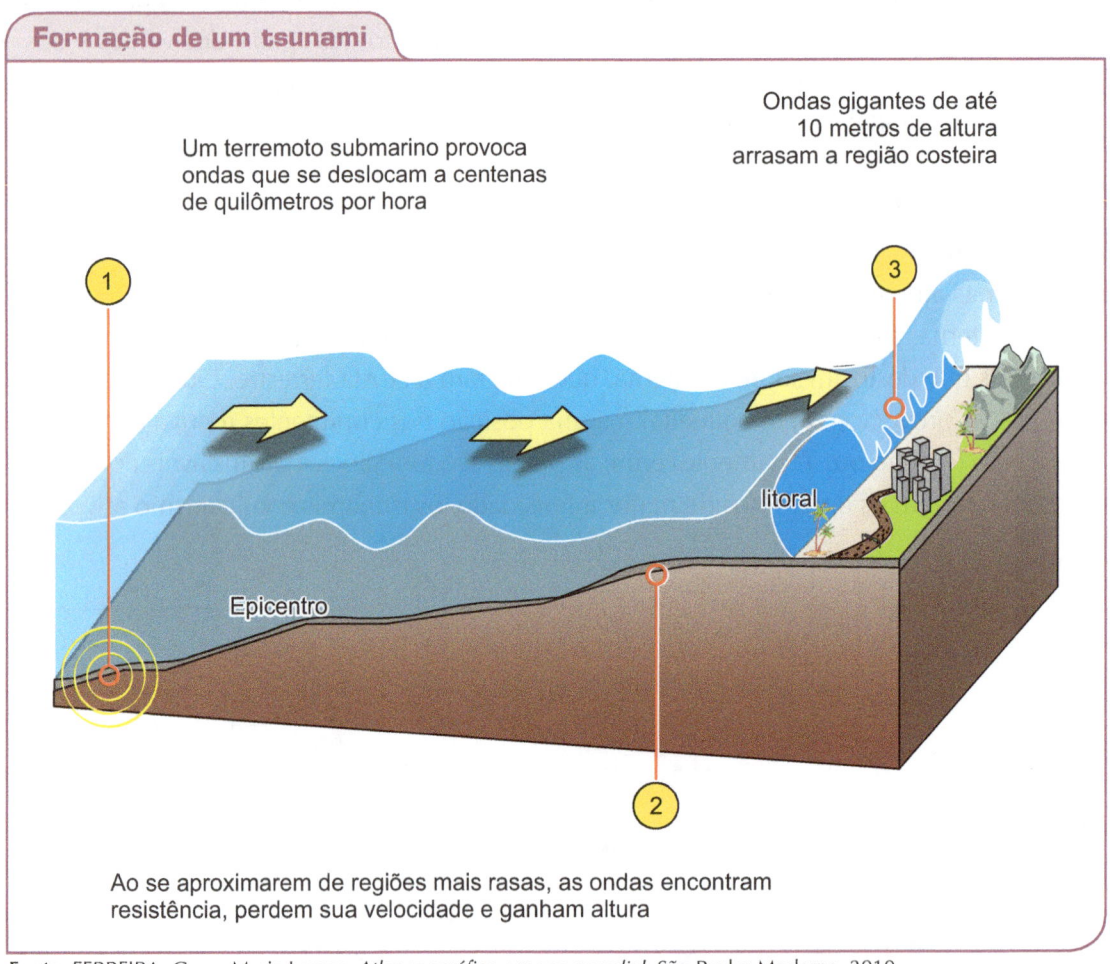

Formação de um tsunami

Um terremoto submarino provoca ondas que se deslocam a centenas de quilômetros por hora

Ondas gigantes de até 10 metros de altura arrasam a região costeira

1 — Epicentro

2 — Ao se aproximarem de regiões mais rasas, as ondas encontram resistência, perdem sua velocidade e ganham altura

3 — litoral

Fonte: FERREIRA, Graça Maria Lemos. *Atlas geográfico espaço mundial*. São Paulo: Moderna, 2010.

Você sabia?

Terremoto e tsunami no Japão em 2011

O Japão é um país localizado em um arquipélago muito instável do ponto de vista geológico, pois encontra-se entre 4 placas tectônicas: Euro-asiática, Pacífica, Filipinas e Norte-americana. Em março de 2011, um terremoto de magnitude 9,0 graus na escala Richter atingiu o país e já é considerado o sétimo mais intenso já registrado na história. O terremoto aconteceu na zona de convergência entre as placas tectônicas da América do Norte e do Pacífico.

Além dos danos causados pelo abalo sísmico, como o terremoto foi submarino, houve a formação de um tsunami que atingiu a costa nordeste do país, causando grande devastação. O número de vítimas é superior a 20 mil e muitas cidades localizadas na planície litorânea foram completamente destruídas.

Tsunami avança sobre Iwanuma no nordeste do Japão (2011).

O terremoto e o tsunami também afetaram o complexo de usinas nucleares de Fukushima, causando vazamento de radiação. A radiação contaminou o solo, a água e o ar, sendo o maior acidente nuclear da história do Japão. As consequências econômicas para o Japão são preocupantes, pois o país já apresentava um baixo crescimento do PIB nos últimos anos. Muitas indústrias localizadas em cidades como Sendai foram destruídas. Aeroportos e rodovias foram danificados. A contaminação radioativa fez com que muitos países deixassem de importar alimentos do Japão. No entanto, a reconstrução poderá até estimular a economia japonesa, visto que vai demandar muito investimento do governo e da iniciativa privada na construção de casas, vias de transporte e indústrias.

Você sabia?

O Brasil é atingido frequentemente por abalos sísmicos, mas são de média e baixa magnitude. A causa principal são as falhas geológicas. Leia o texto a seguir:

Sismicidade Brasileira

A ideia propagada por muito tempo de um Brasil essencialmente estável, livre da ocorrência de terremotos é errônea. A sismicidade brasileira é modesta se comparada à da região da Cordilheira dos Andes, na parte Oeste da América do Sul, mas é significativa porque aqui já ocorreram vários tremores com magnitude acima de 5,0 graus na escala Richter indicando que o risco sísmico em nosso país não pode ser simplesmente ignorado. Dezenas de relatos históricos sobre abalos de terra sentidos em diferentes pontos do país e eventos como o do Ceará (1980/mb = 5.2) e a atividade de João Câmara, RN (1986/mb = 5.1) mostram que os sismos podem trazer danos materiais, ocasionar transtornos à população. (...)

Afortunadamente, tremores maiores como o de Mato Grosso (1955/mb = 6.6), litoral do Espírito Santo (1955/mb = 6.3) e Amazonas (1983/mb = 5.5) ocorreram em áreas desabitadas. Nos anos 2000, abalos sísmicos moderados ocorreram no Rio Grande do Norte, Ceará, Minas Gerais (Itacarambi) e Bacia de Santos (em área recoberta pelo mar). (...)

Brasil – terremotos

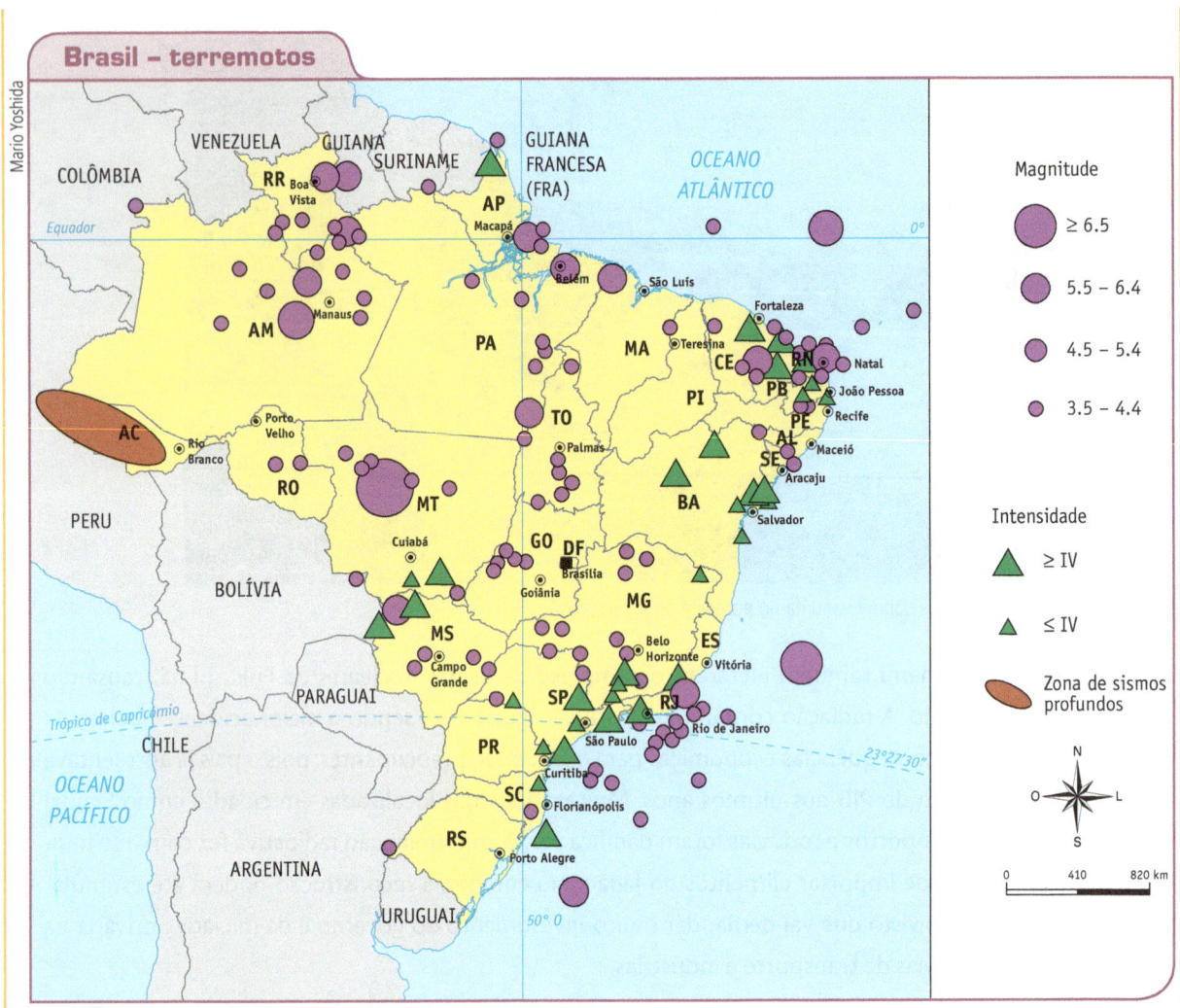

Fonte: IBGE. *Atlas Geográfico Escolar*. Rio de Janeiro: IBGE, 2009.

O mapa acima contém dados sobre tremores de terra, com magnitude 3.0 ou mais, ocorridos no Brasil, desde a época da colonização, até 1996. (...)

Disponível em: <http://vsites.unb.br/ig/sis/sisbra.htm>. Acesso em: jul. 2012.

As placas promovem alterações no relevo quando colidem ou se afastam. Essas alterações são chamadas de tectonismo e dão origem a dobras e falhas.

As dobras

Quando duas placas colidem, as camadas de rochas podem dobrar dando origem a ondulações na superfície, ou seja, as cadeias de montanhas. Um exemplo é a Cordilheira dos Andes. Observe no esquema a seguir, que as dobras que formaram os Andes resultam da colisão entre as placas da América do Sul e de Nazca.

As falhas

Algumas vezes, nas áreas de contato entre as placas, a pressão é tão grande que as rochas se quebram dando origem às falhas. Quando a estrutura rochosa é rompida acontecem alterações no relevo. Observe no esquema que as montanhas e a depressão (Vale de Rift) na África são formados por falhas geológicas.

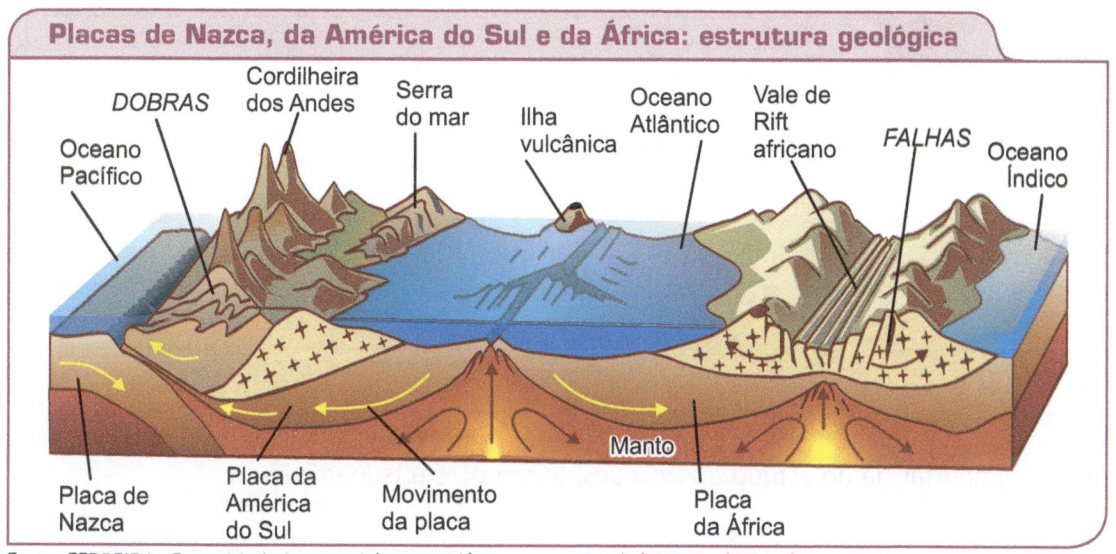

Placas de Nazca, da América do Sul e da África: estrutura geológica

Fonte: FERREIRA, Graça Maria Lemos. *Atlas geográfico espaço mundial*. São Paulo: Moderna, 2010.

As forças externas

As forças externas são responsáveis por esculpir o relevo. Ou seja, são forças como a água e o vento que modelam a superfície e promovem o intemperismo, a erosão, o transporte e a sedimentação.

Destaca-se a ação da água em sua forma líquida, ou seja, a chuva, os rios e os mares. A água infiltra no solo e atinge as rochas causando sua desagregação (intemperismo químico). A água da chuva causa erosão na superfície removendo partes do solo e matéria orgânica. Os rios causam erosão esculpindo vales, carregando sedimentos e depositando-os além de suas margens, formando planícies.

O vento causa a erosão eólica na superfície, transporta materiais e deposita-os em outros locais. O gelo também modifica o relevo, pois causa erosão na Antártida, no Ártico e nas altas cadeias de montanhas. Em menor escala, os seres vivos como animais e vegetais também promovem alterações no relevo.

No desenho, podemos observar formas de relevo do litoral. A praia foi formada pela sedimentação de areia transportada pelo mar e também pelos rios. A **falésia** é esculpida pela erosão causada pelo mar.

Costão marinho no município de Torres (RS).

ATIVIDADES

1 Cite três forças internas formadoras do relevo.

_____
_____
_____
_____

2 Qual é a importância do estudo dos vulcões, terremotos e tsunamis?

_____
_____
_____
_____
_____
_____
_____

3 Sobre os tsunamis, responda:

a) Qual é a causa dos tsunamis?

_____
_____
_____

b) Mencione duas consequências.

_____
_____
_____

c) A partir da interpretação do mapa (página 137), indique 3 países vulneráveis a este fenômeno.

_____
_____
_____

4. Identifique os três fenômenos geológicos a seguir e escreva como eles contribuem para a formação do relevo.

A

B

C

_____
_____
_____
_____
_____
_____
_____
_____
_____
_____
_____

O que é planalto, planície e depressão?

Toda a superfície pode ser classificada como planalto, planície ou depressão. Essas grandes unidades de relevo são definidas pelas forças externas que esculpem o relevo.

- Planalto: superfície onde predomina a erosão e que apresenta altitude superior às depressões e planícies vizinhas. Os planaltos apresentam formas variadas como: montanhas, serras, morros, cuestas, chapadas e colinas.
- Depressão: superfície com altitude inferior em relação aos planaltos vizinhos e que sofreu rebaixamento por erosão. Nelas predominam formas planas e colinas. Mas podem aparecer morros isolados. As depressões são classificadas em: relativas (altitude inferior às áreas vizinhas) ou absolutas (altitude inferior em relação ao nível do mar).
- Planície: superfície onde predomina a sedimentação e que apresenta altitude inferior às depressões e planaltos vizinhos. Nelas prevalecem formas planas e algumas acompanham os rios sendo planícies fluviais (várzeas).

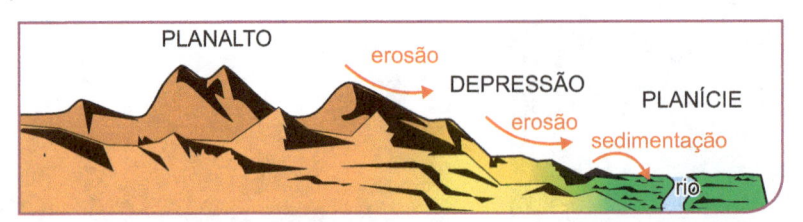

O relevo do Brasil

O Brasil é o 5º maior país do mundo em extensão territorial. A partir das décadas de 1970 e 1980, a utilização de imagens de radar permitiu estudar mais detalhes do relevo brasileiro.

Brasil – unidades de relevo

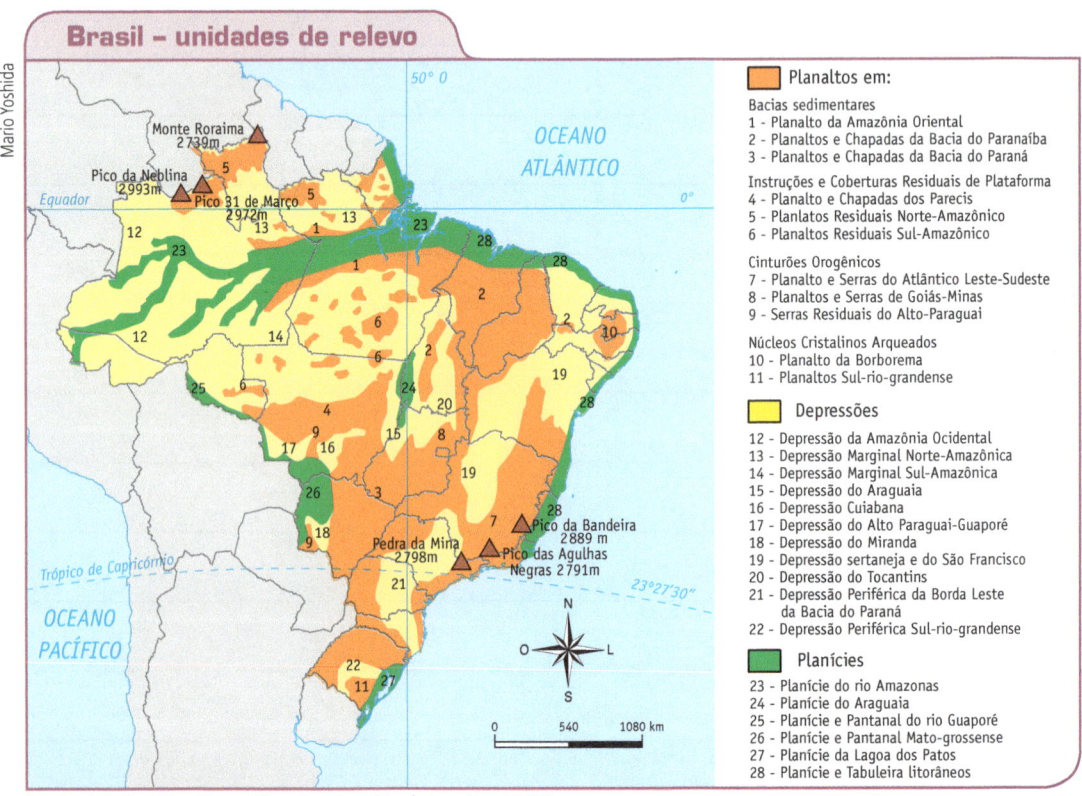

Planaltos em:

Bacias sedimentares
1 - Planalto da Amazônia Oriental
2 - Planaltos e Chapadas da Bacia do Paranaíba
3 - Planaltos e Chapadas da Bacia do Paraná

Instruções e Coberturas Residuais de Plataforma
4 - Planalto e Chapadas dos Parecis
5 - Planaltos Residuais Norte-Amazônico
6 - Planaltos Residuais Sul-Amazônico

Cinturões Orogênicos
7 - Planalto e Serras do Atlântico Leste-Sudeste
8 - Planaltos e Serras de Goiás-Minas
9 - Serras Residuais do Alto-Paraguai

Núcleos Cristalinos Arqueados
10 - Planalto da Borborema
11 - Planaltos Sul-rio-grandense

Depressões

12 - Depressão da Amazônia Ocidental
13 - Depressão Marginal Norte-Amazônica
14 - Depressão Marginal Sul-Amazônica
15 - Depressão do Araguaia
16 - Depressão Cuiabana
17 - Depressão do Alto Paraguai-Guaporé
18 - Depressão do Miranda
19 - Depressão sertaneja e do São Francisco
20 - Depressão do Tocantins
21 - Depressão Periférica da Borda Leste da Bacia do Paraná
22 - Depressão Periférica Sul-rio-grandense

Planícies

23 - Planície do rio Amazonas
24 - Planície do Araguaia
25 - Planície e Pantanal do rio Guaporé
26 - Planície e Pantanal Mato-grossense
27 - Planície da Lagoa dos Patos
28 - Planície e Tabuleira litorâneos

Fonte: IBGE. *Atlas Geográfico Escolar*. Rio de Janeiro, 2009.

No mapa anterior podemos observar que em nosso território temos 11 planaltos, 10 depressões e 6 planícies. Em decorrência dos intensos processos de erosão, o relevo brasileiro apresenta baixas e médias altitudes. A leitura complementar a seguir vai permitir que você viaje pelo relevo brasileiro com o auxílio de imagens de radar, fotos e mapas.

O relevo brasileiro através de imagens de radar e fotos

Os planaltos

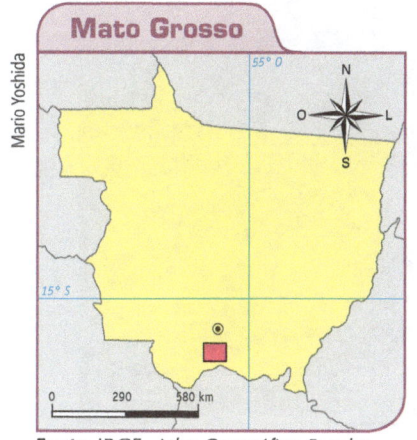

Fonte: IBGE. *Atlas Geográfico Escolar*. Rio de Janeiro, 2009.

Graças à diversidade geológica e climática, os planaltos brasileiros possuem grande variedade de formas. Como pudemos verificar no mapa anterior, os planaltos são cercados ora por depressões, ora por planícies.

Os planaltos que estão dispostos sobre bacias sedimentares apresentam formas planas e colinas. Porém, suas bordas são marcadas por relevos íngremes de grande beleza natural: as chapadas e as cuestas. Nos Planaltos e Chapadas da Bacia do Paraná (3 – ver localização no mapa) são encontradas formas peculiares, como a famosa Chapada dos Guimarães (MT).

Nos Planaltos e Chapadas da Bacia do Parnaíba (2) destaca-se a Chapada do Araripe, localizada entre os estados do Ceará e Pernambuco. A chapada apresenta rochas sedimentares que guardam um importante patrimônio paleontológico (fósseis de plantas e peixes)

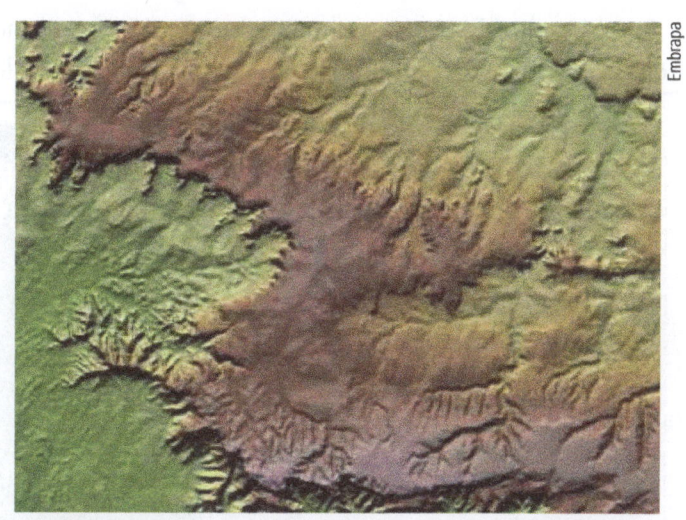

Na imagem de radar, a porção avermelhada é a Chapada dos Guimarães com suas bordas íngremes, também destacadas na foto, em contato com depressão mais baixa (verde). A chapada é a borda dos Planaltos e Chapadas da Bacia do Paraná em Mato Grosso. A área apresenta clima tropical, flora e fauna do Cerrado e belíssimas formas de relevo, por isso foi transformada em um Parque Nacional. A função de um parque nacional é proteger a fauna e a flora, o solo e as formas do relevo, sendo proibido o desmatamento e a caça. Só é permitido o ecoturismo, projetos de educação e pesquisa feita pelos cientistas.

Cachoeira Véu de noiva no Parque Nacional da Chapada dos Guimarães (MT).

> **Você sabia?**
>
> ### O novo dinossauro brasileiro: Oxalaia quilombensis
>
> Muitas rochas sedimentares dos Planaltos e Chapadas da Bacia do Parnaíba e das Planícies e Tabuleiros litorâneos são da Era Mesozoica (entre 227 e 65 milhões de anos atrás). Essas rochas são muito ricas em fósseis de dinossauros e pterossauros. Em 2011, cientistas brasileiros anunciaram a descoberta do Oxalaia quilombenis no litoral do Maranhão. É um dos mais novos dinossauros encontrados no Brasil. Trata-se de um carnívoro da família dos espinossaurídeos, animais com vértebras prolongadas nas costas, dentes finos afiados e garras poderosas. O Oxalaia é maior do que o tiranossauro rex, tinha altura entre 12 e 14 metros e peso de 7 toneladas. Ele viveu há cerca de 95 milhões de anos. Na África, existem espécies similares, pois os dois continentes estavam unidos naquele período. O nome é uma homenagem a Oxalá, divindade do camdomblé, religião afro-brasileira.

O extremo norte do Brasil e a porção sul da Amazônia são marcados por serras que estão sobre rochas cristalinas antigas. Essas serras receberam os nomes de Planaltos Residuais norte-amazônicos (5) e Planaltos Residuais sul-amazônicos (6). Ao sul, no estado do Pará, destacam-se a Serra do Cachimbo e a Serra dos Carajás, importante área de exploração de ferro e manganês.

Fonte: IBGE. *Atlas Geográfico Escolar*. Rio de Janeiro: IBGE, 2009.

A área com tom marrom, ao norte, com encostas íngremes é a Serra do Imeri (AM) onde se localiza o Pico da Neblina (2933 m). A serra pertence aos Planaltos Residuais norte-amazônicos e contrasta com a superfície plana (em verde) da Depressão Marginal norte-amazônica ao sul.

No norte, as serras apresentam maior altitude. O principal exemplo é a Serra do Imeri, situada no estado do Amazonas. Nela, está o Pico da Neblina, o ponto de maior altitude de todo o Brasil, com 2993 m. Perto, localiza-se o 2º maior ponto, o Pico 31 de Março com 2972 m de altitude.

Cadeias de montanhas sobre rochas cristalinas influenciadas por dobras e falhas marcam a paisagem do sudeste do país. Destacam-se os Planaltos e Serras do Atlântico Leste-Sudeste (7), também chamado de Planalto Atlântico. Esse planalto é caracterizado por morros arredondados e vales esculpidos por rios. Daí a origem do nome "domínio dos mares de morros". As falhas geológicas deram origem às escarpas da Serra do Mar (RJ, SP, PR e SC) que podem ser visualizadas na imagem de radar a seguir.

Vista do Pico da Neblina recoberto pela floresta Amazônica.

Na imagem, o litoral norte e a Ilha de São Sebastião (Ilha Bela) no estado de São Paulo. Destaca-se a borda dos **Planaltos e Serras de Leste-Sudeste** (Planalto Atlântico) representada pelas escarpas de falha (áreas íngremes com rugosidade). A superfície verde e lisa constitui as **Planícies e Tabuleiros Litorâneos**. Em preto, o oceano Atlântico.

Na foto, o mar promovendo a erosão de grandes blocos de rocha cristalina e morros recobertos pela mata Atlântica na Ilha de São Sebastião, município de Ilha Bela (SP).

Na Serra da Mantiqueira (SP, MG e RJ), destacam-se a Pedra da Mina (2798 m) e o Pico das Agulhas Negras (2791 m). Na Serra do Caparaó (ES) destaca-se o Pico da Bandeira (2891 m). Sobressaem-se também a Serra dos Órgãos (RJ) e do Espinhaço (MG), e a Chapada Diamantina, com topos planos e bordas íngremes.

Em algumas áreas do Planalto Atlântico, as falhas levantaram algumas áreas e rebaixaram outras. Entre as áreas rebaixadas estão a microbacia de São Paulo (onde se encontra a cidade de São Paulo) e a microbacia do Vale do Paraíba do Sul.

Na porção central do Brasil, destacam-se os Planaltos e Serras de Goiás-Minas (8), onde está presente a Serra da Canastra (MG) e imensas superfícies planas, inclusive a área onde se localiza o Distrito Federal.

Na região do Pantanal existem algumas serras (9), a exemplo da Serra do Urucum (MS). No Nordeste, destaca-se o Planalto da Borborema (10), com relevo de morros (PE, AL e SE).

Fonte: IBGE. *Atlas Geográfico Escolar*. Rio de Janeiro: IBGE, 2009.

As depressões

Ao longo de milhões de anos, a erosão esculpiu grandes depressões em diferentes regiões do Brasil. São exemplos a Depressão Periférica (SP), a Depressão Rio-Grandense (RS) e a Depressão Cuiabana (MT). As depressões também dominam a maior parte da Amazônia. No Nordeste, a Depressão Sertaneja e do São Francisco (19) é plana, mas pontilhada por morros cristalinos pontuais que resistiram à erosão, os inselbergs.

As planícies

No Brasil, existem duas grandes planícies, popularmente chamadas de pantanais. São o Pantanal do rio Guaporé (25) e o Pantanal mato-grossense (26). São planícies formadas por sedimentos depositados pelos rios Guaporé e Paraguai. O Pantanal mato-grossense é pontuado por milhares de lagoas. A região é marcada pelo clima tropical, assim, no verão (período chuvoso) as lagoas e rios transbordam, depositando sedimentos minerais e orgânicos.

Algumas planícies brasileiras localizam-se ao longo dos rios. É o caso da Planície do Rio Amazonas (23), constituída pelos sedimentos depositados pelo rio Amazonas e seus afluentes.

Na foz do Amazonas, a Ilha de Marajó (PA) foi formada inteiramente pela acumulação sedimentar. Na Planície do Araguaia (24), a deposição de sedimentos, realizada pelo rio Araguaia, levou à formação da maior ilha de rio do planeta, a Ilha do Bananal.

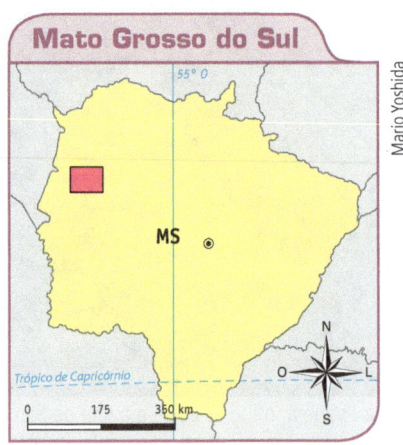

Fonte: FERREIRA, Graça Maria Lemos. *Atlas geográfico espaço mundial*. São Paulo: Moderna, 2010.

Do Oiapoque ao Chuí, quase todo o litoral brasileiro é formado por planícies. As Planícies e Tabuleiros Litorâneos (28) são formados pela deposição de sedimentos trazidos pelos rios e pelo mar. Assim, aparecem superfícies planas como as praias, restingas e áreas lodosas ocupadas por manguezais.

Em alguns pontos do litoral, surgem formas de relevo especiais. Um dos exemplos são as falésias esculpidas pela erosão causada pelas ondas e correntes do mar. Também destacam-se as grandes dunas (MA, CE e RN) que se formam pela deposição de areia causada pelo vento.

Por fim, no Rio Grande do Sul, sobressai-se a Planície da Lagoa dos Patos e Lagoa Mirim (27). Localizada junto ao litoral, esta planície apresenta imensas lagoas e lagos (Guaíba, Patos, Mirim e Mangueira). Também apresenta restingas, ou seja, faixas de areia depositadas pelas ondas e correntes marinhas e que separam as lagoas do mar. A região constitui uma importante área de reprodução para aves aquáticas.

Planície e Pantanal Mato-Grossense com suas lagoas (baías) cercadas por uma vegetação complexa formada por matas e cerrados.

A superfície verde e lisa corresponde à Planície e Pantanal Mato-Grossense. A área enrugada em marrom corresponde à Serra de Urucum (MS) pertencente às Serras Residuais do Alto Paraguai. Nesta serra, ocorre mineração de ferro e manganês.

> **Você sabia?**
>
> ### O relevo do Brasil na Internet
>
> Faça uma viagem pelo relevo do Brasil no *site* Brasil em relevo da Embrapa (Empresa Brasileira Agropecuária). Acesse: http://www.relevobr.cnpm.embrapa.br/
> Você poderá viajar pelo relevo de todos os estados brasileiros através das sofisticadas imagens de radar. O *site* também permite o acesso às imagens do satélite Landsat.

ATIVIDADES

1. No diagrama abaixo, identifique as palavras correspondes aos conceitos geográficos a seguir.
   - Superfície com maior altitude onde predomina a erosão.
   - Superfície muito rebaixada por erosão.
   - Superfície onde predomina a sedimentação.
   - Problema ambiental que prejudica a agricultura.
   - Problema ambiental que ocorre em encostas íngremes desmatadas e com urbanização desordenada.

A	B	P	C	D	E	F	G	H	I
P	O	L	Q	E	C	D	U	X	J
P	L	A	N	A	L	T	O	B	O
W	Z	N	C	S	A	C	V	M	B
Z	Y	Í	A	T	B	D	X	A	E
X	E	C	O	U	C	D	Z	I	O
O	J	I	J	V	D	E	H	U	B
K	D	E	P	R	E	S	S	Ã	O
M	N	C	J	X	E	L	X	Z	O
A	O	B	L	Z	F	I	Y	R	M
K	Z	E	M	A	G	Z	C	U	N
O	U	F	N	B	M	A	D	Z	J
P	B	B	O	H	N	M	A	S	B
L	J	G	P	I	O	E	Z	O	U
A	M	H	Q	J	P	N	A	O	C
N	C	I	R	L	Q	T	D	I	J
O	E	R	O	S	Ã	O	R	S	X

149

2 É possível dizer que no Brasil prevalecem as planícies? Justifique sua resposta e mencione dois exemplos utilizando o mapa da página 144.

_____
_____
_____

3 O que explica a forma de relevo representada na foto a seguir?

Lajedo do Pai Mateus, município de Cabaceiras, Paraíba, com rochas residuais.

_____
_____
_____

4 Descreva uma viagem do litoral de São Paulo até o Pantanal, identificando as unidades de relevo indicadas pelas letras no perfil a seguir.

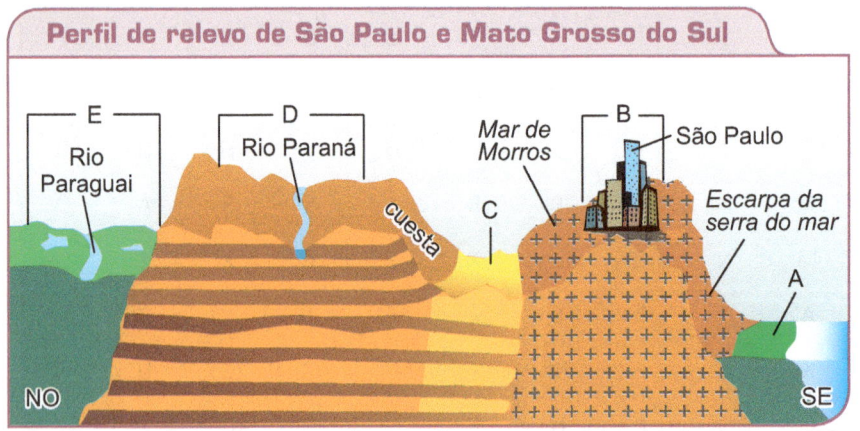

Perfil de relevo de São Paulo e Mato Grosso do Sul

E — Rio Paraguai
D — Rio Paraná
cuesta
C — Mar de Morros
B — São Paulo
Escarpa da serra do mar
A
NO / SE

Fonte: FERREIRA, Graça Maria Lemos. *Atlas geográfico espaço mundial*. São Paulo: Moderna, 2010.

_____
_____
_____

5 Produza um texto identificando as unidades de relevo a qual pertencem as fotos a seguir. Utilize corretamente os termos planalto, planície e depressão.

Vista aérea do rio Amazonas (AM).

Chapada Diamantina (BA).

Caatinga, sertão do Nordeste.

151

A importância do solo

O solo é uma fina película que recobre parte do relevo da superfície do planeta. De certo modo, ele representa o encontro da litosfera com a atmosfera, a hidrosfera e a biosfera. Isto acontece, porque o solo é constituído por minerais vindos da rocha (45%), por água (25%), ar (25%), matéria orgânica (4,5%) e um pequeno porcentual de organismos vivos (0,5%).

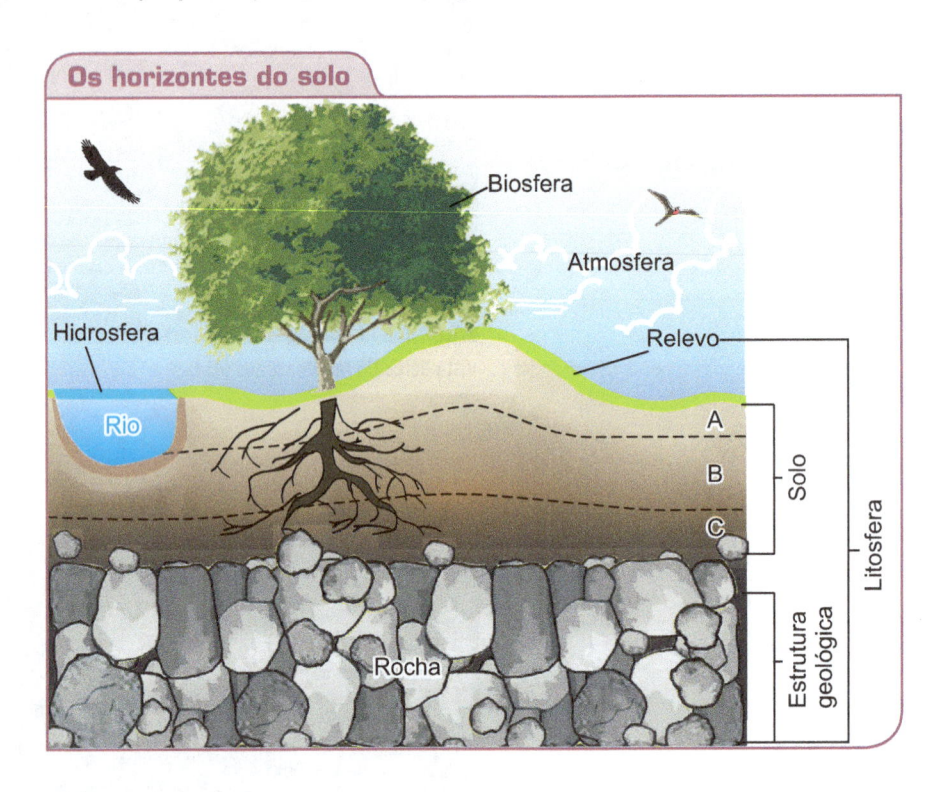

Os horizontes do solo

O solo é um dos mais importantes recursos naturais utilizados pela humanidade. É fundamental para o desenvolvimento da agricultura e da pecuária, na fixação de moradias e também na extração de alguns recursos minerais.

Para se formar, o solo depende das condições do clima de um lugar, principalmente da quantidade de chuvas. Nas regiões desérticas, onde ocorre pouca chuva, os solos são pobres, raros ou inexistentes. Já nas regiões com clima tropical e equatorial, com maior quantidade de água, calor e seres vivos, os solos são mais desenvolvidos.

O relevo é outro fator relevante na formação dos solos. Nas áreas planas, ocorre maior infiltração da água. Assim, a rocha sofre maior intemperismo e os solos ficam mais profundos.

Já nas áreas montanhosas, onde ocorre menor infiltração, visto que a maior parte da água escoa na superfície. Assim, os solos ficam menos desenvolvidos, é o caso do solo com horizonte B incipiente (raso, com menor profundidade), comum na Serra do Mar.

Solo preparado para a agricultura irrigada no interior de São Paulo.

A "terra roxa"

De modo geral, os solos formados a partir do intemperismo de rochas vulcânicas costumam ser bastante férteis. A terra roxa é encontrada em trechos do oeste de São Paulo, Paraná, Santa Catarina, Rio Grande do Sul, Goiás e Mato Grosso do Sul.

Esses solos se formaram a partir de rochas como o basalto e o diabásio (magmáticas extrusivas), apresentam coloração vermelho-escura e não "roxa", como diz o nome. Na realidade, os imigrantes italianos, que povoaram o oeste paulista, referiam a esse solo como "terra rossa" (rossa significa vermelho, em italiano).

Com o tempo, o termo "rosso" foi confundido com "roxo" e acabou fixando-se o nome incorreto. Os solos bem desenvolvidos dos Planaltos e Chapadas da Bacia do Paraná favoreceram a expansão agrícola: café, laranja, cana-de-açúcar, algodão e soja.

O aumento da erosão

Em diversas partes do mundo, é cada vez maior a perda de solos devido ao aumento da erosão. O desmatamento desenfreado e a falta de cuidado com o solo nas zonas rurais e urbanas intensificam a exposição do solo à ação da água e do vento. Os solos mais frágeis à erosão são os arenosos, visto que apresentam uma textura mais grosseira e vulnerável à remoção causada pela água.

O Brasil, um dos países com agropecuária mais desenvolvida do mundo, perde cerca de 400 milhões de toneladas de solos por ano em decorrência da erosão. A perda de solos traz prejuízos para o meio ambiente e para a economia. Em alguns lugares, as voçorocas (grandes buracos causados pela erosão) atingiram as cidades.

De modo geral, a erosão é menor nas áreas recobertas por florestas, pois as copas das árvores amortecem o impacto da chuva na superfície. A erosão aumenta quando as florestas são substituídas por pastagens e cultivos temporários.

Os cultivos perenes são aqueles em que a planta permanece produzindo durante vários anos e ajuda a proteger o solo, são exemplos o café e a laranja. A erosão chega ao máximo nas áreas destinadas a cultivos temporários, isto é, quando a planta é removida para a colheita e o solo fica exposto e susceptível à intensa erosão. São exemplos de cultivos temporários: cana-de-açúcar, milho, soja, arroz e algodão.

Os métodos mais eficazes para reduzir a perda de solos pela erosão são:

- o reflorestamento das áreas mais íngremes e das margens dos rios;
- o cultivo em curvas de nível, ou seja, de acordo com as linhas de mesma altitude no terreno;
- o cultivo em terraços, isto é, degraus que fazem com que a água escoe pelas encostas de forma mais lenta;
- o plantio de árvores em série para atenuar o impacto do vento na superfície.

Erosão em São Roque de Minas (MG), 2011.

> **Você sabia?**
>
> ### Contaminação do solo e agricultura sustentável
>
> Os solos também sofrem com a contaminação causada pelo uso excessivo de agrotóxicos e fertilizantes. Os agrotóxicos podem causar a contaminação do solo, da água, de animais e envenenamentos de seres humanos, inclusive trabalhadores que os manuseiam sem proteção adequada.
>
> Nas últimas décadas, têm surgido métodos alternativos para aumentar a produtividade da agricultura e controlar as pragas. A agricultura orgânica tem como princípio a utilização de adubos compostos por matéria orgânica que substituem os fertilizantes químicos vendidos pelas indústrias. Outra técnica é o controle biológico das pragas, isto é, o uso de predadores naturais para reduzir as populações de pragas que atacam cultivos agrícolas.
>
> Agricultura orgânica.

Os deslizamentos de terra

Nas áreas com relevo mais íngreme, como os morros e serras do Planalto Atlântico, podem acontecer deslizamentos de solo em encostas. Numa encosta recoberta por vegetação natural, como a mata Atlântica, ocorre uma situação de equilíbrio ambiental. Nessas áreas, os deslizamentos são mais raros, pois a vegetação protege o solo de diferentes maneiras:

- as copas das árvores amortecem o impacto da água que escoa lentamente até o solo;
- uma quantidade maior de água infiltra no solo e é absorvida pelas plantas;
- o sistema de raízes ajuda na fixação do solo;
- a água escoa numa velocidade mais devagar pela presença de vegetação.

O desmatamento e a ocupação das encostas por moradias provocam o desequilíbrio ambiental. O solo fica exposto às chuvas intensas. Assim, o escoamento superficial da água é acelerado, fazendo aumentar a erosão. Dessa forma, o solo fica encharcado e pode deslizar encosta abaixo. Os deslizamentos são um problema ambiental e também social. Muitos moradores das áreas de risco perdem suas casas e, por vezes, perdem-se vidas humanas.

Morro da Carioca, Angra dos Reis (RJ), 2010.

O aumento da frequência dos deslizamentos deve-se à ocupação urbana desordenada e à falta de planejamento, a exemplo da expansão de favelas em morros dos estados do Rio de Janeiro, São Paulo e Minas Gerais.

A solução do problema passa pela construção de moradias dignas para as populações mais pobres em áreas com relevo adequado. Para atenuar o problema é necessário:

- promover o reflorestamento das encostas;
- construir canaletas para direcionar o escoamento da água da chuva;
- implantar curvas de nível para conter a erosão;
- construir muros de arrimo para conter as encostas;
- fixar os blocos de rocha.

ATIVIDADES

1 Qual unidade do relevo brasileiro caracteriza-se pela presença de solos férteis como a terra roxa? Quais cultivos agrícolas se expandiram nessa área?

_____
_____
_____
_____
_____

2 A partir de seus conhecimentos e da interpretação do mapa ao lado, responda aos itens:

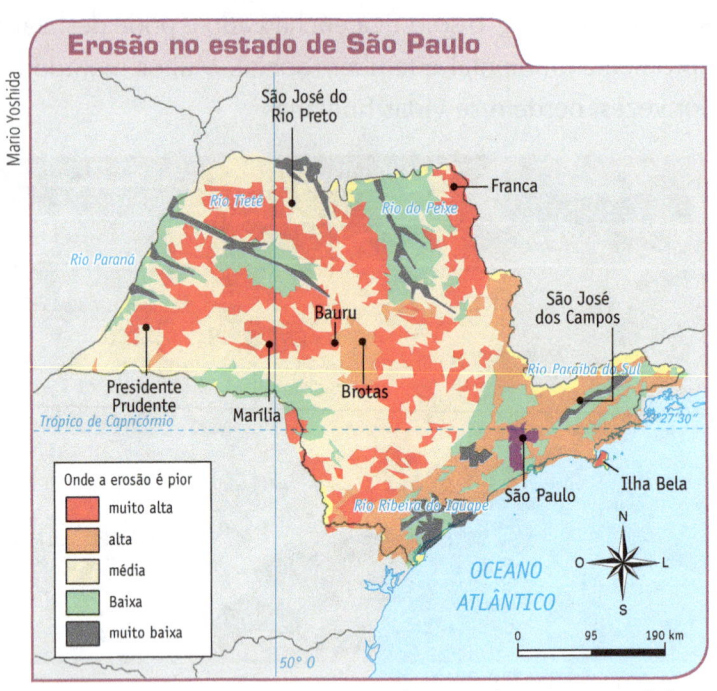

Erosão no estado de São Paulo

Fonte: FERREIRA, Graça Maria Lemos. *Atlas geográfico espaço mundial*. São Paulo: Moderna, 2010.

a) Cite duas causas do aumento da erosão no Brasil.

_____
_____
_____
_____

b) Mencione duas unidades de relevo de São Paulo onde a erosão é muito alta.

_____
_____
_____

c) Cite três municípios atingidos com erosão muito alta ou alta.

_____
_____

d) Mencione duas regiões do estado com erosão baixa.

_____
_____

3 Conforme a interpretação do esquema a seguir, é possível dizer que a perda de solo por erosão é a mesma na floresta, no cultivo perene e no cultivo temporário? Justifique sua resposta.

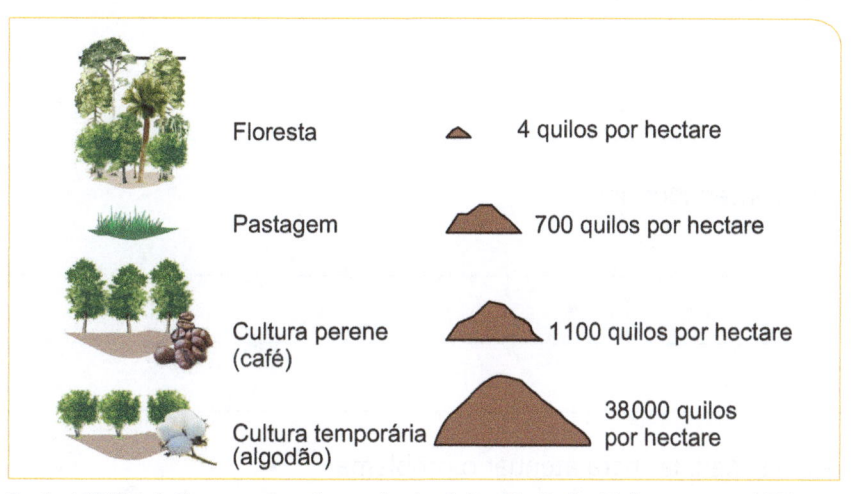

	Floresta	4 quilos por hectare
	Pastagem	700 quilos por hectare
	Cultura perene (café)	1 100 quilos por hectare
	Cultura temporária (algodão)	38 000 quilos por hectare

Fonte: LEPSCH, I. *Conservação e Formação dos Solos*. São Paulo: Melhoramentos, 1976.

___

4 Quais são as técnicas utilizadas para proteger o solo da erosão e da contaminação?

___

5 Explique a técnica do plantio direto para a conservação do solo.

___

157

6 A respeito dos deslizamentos de terra, responda:

a) Quais são as principais causas?

_____

_____

b) Quais são as consequências?

_____

_____

_____

c) Mencione duas medidas para atenuar o problema.

_____

_____

7 Produza um texto sobre a importância do relevo e da vegetação nas atividades de esportes e lazer.

A. Alpinismo. (Vitalii Nesterchuk/Shutterstock)
B. Esqui. (Benis Arapovic/Shutterstock)
C. Rapel. (Greg Epperson/Shutterstock)
D. Arvorismo. (João Prudente/Pulsar)

_____

_____

_____

_____

_____

_____

_____

_____

8 O relevo e o solo são importantes para as atividades humanas? Justifique sua resposta a partir das imagens a seguir.

A – Rodovia dos Bandeirantes, São Paulo, Brasil.

B – Agricultura em terraços. Bali, Indonésia.

159

Capítulo 10
A SOCIEDADE E A BIOSFERA

O ser humano causou muitas modificações na distribuição geográfica dos organismos que causaram graves problemas ambientais, como o desmatamento e a perda da biodiversidade. Atitudes sérias precisam ser tomadas para que algumas situações não se tornem irreversíveis.

Desmatamento com exploração ilegal de madeira na Amazônia.

A distribuição geográfica das plantas e dos animais

A biosfera é a parte viva de nosso planeta, formada por vegetais, animais e microrganismos. Em nosso planeta, os ecossistemas são integrados pelos seres vivos em sua relação entre si e com o ambiente físico (atmosfera, hidrosfera e litosfera). Chamamos de biodiversidade a quantidade de espécies de plantas, animais e microrganismos que podemos encontrar em uma determina região.

Os ecossistemas se distribuem no planeta conforme diversos fatores como o clima, a presença de água, a fertilidade do solo e o tipo de relevo. O clima é o fator mais importante na distribuição dos ecossistemas. Por exemplo, quanto maior a temperatura e maior a quantidade de água, maior será a biodiversidade, a exemplo da extraordinária floresta Amazônica. Todavia, nas regiões com clima seco e com escassez de água, existe pequena biodiversidade, a exemplo dos desertos. Nas regiões muito frias, como a Antártida e o Ártico, também é reduzida a quantidade de espécies de plantas e animais.

Os biomas

Os biomas são os grandes ecossistemas existentes no planeta. Cada bioma está relacionado com um tipo de clima e com as características do relevo e do solo. A seguir, observe a distribuição original dos biomas da Terra e, posteriormente, quadros com a vegetação, fauna e problemas ambientais.

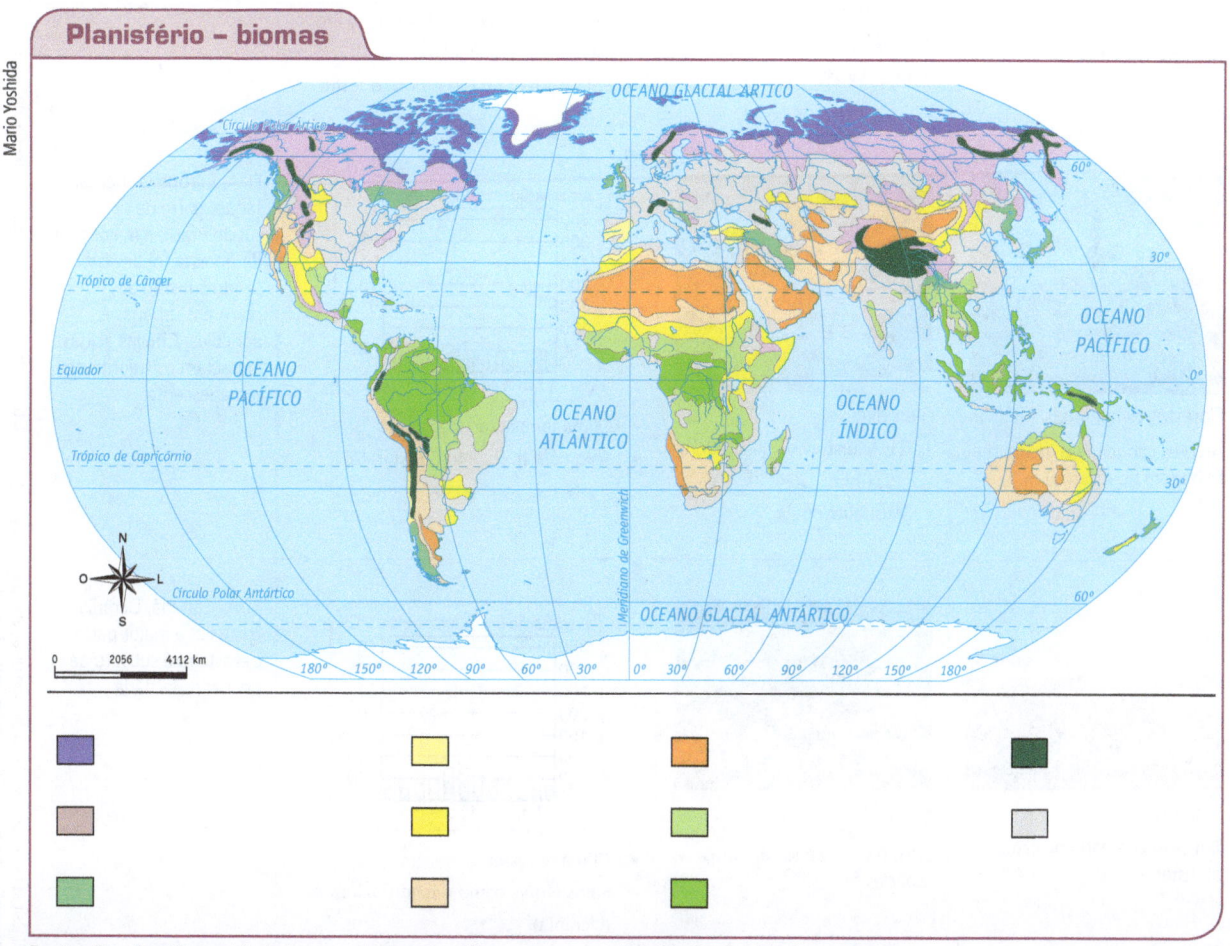

Planisfério – biomas

Fonte: Ferreira, Graça Maria Lemos. *Atlas geográfico espaço mundial*. São Paulo: Moderna, 2010.

Principais biomas do mundo

Vegetação	Fauna (alguns exemplos)	Clima e solo	Problemas ambientais
Tundra. Vegetação de tundra: musgos e liquens.	Pinguins. • Ártico: urso-polar e renas. • Antártida: pinguins.	• Clima polar e subpolar. • Solo permafrost (congelado a maior parte do ano).	Rússia e Canadá: exploração de recursos minerais e petróleo. Caça e pesca predatórias.
Taiga. Floresta de coníferas.	Urso-pardo. Canadá: urso-pardo, alce, caribu e castor.	• Clima temperado continental (quatro estações bem definidas). • Solo podzol (ácido e pouco fértil).	Rússia, Canadá e Finlândia: desmatamento para exploração de madeira; exploração de petróleo e recursos minerais.
Florestas temperadas. Árvores caducifólias (perdem a folhagem no inverno).	Guaxinim. • EUA: urso-negro, esquilo e guaxinim. • Austrália: coala.	• Clima temperado oceânico. • Solo com horizonte B textural.	EUA, Europa Ocidental, Japão, parte da China e sul do Brasil: a maior parte da floresta foi devastada sendo substituída por áreas urbanas e agrícolas. Chuvas ácidas impactam os fragmentos remanescentes.
Pradaria. Também chamado de campo ou estepe.	Bisão. EUA: bisão, veados e outras espécies.	• Clima temperado. • Solos férteis como o tchernoziom (Ucrânia).	EUA, Canadá, Ucrânia e Rússia: a maior parte devastada é substituída pela agropecuária.

Vegetação	Fauna (alguns exemplos)	Clima e solo	Problemas ambientais
Vegetação mediterrânea. Plantas esclerófilas (folhas grossas e com cera).	**Veado.** Norte da África: veados e répteis.	• Clima mediterrâneo (verão seco e inverno chuvoso).	Sul da Europa, norte da África, sudoeste da África do Sul, sudoeste da Austrália e centro do Chile: a maior parte devastada é substituída pela agricultura e áreas urbanas. Impacto pela atividade turística.
Vegetação de desertos e semidesertos. Plantas xerófilas (adaptadas à escassez de água).	**Camelo.** Insetos e répteis (lagartos e serpentes).	• Clima árido. • Solo pouco desenvolvido, dunas e rochas expostas.	Desertos do Saara e Calaari (África), Patagônia (Argentina), oeste dos EUA e parte do México, Gobi (Mongólia e China) e Australiano: desmatamento provocando expansão dos desertos (desertificação).
Savana. Predomínio de gramíneas e arbustos com árvores pontuais.	**Girafas.** • África: elefante, girafa, rinoceronte, zebra, hiena, leão, guepardo, antílope e babuíno. • Austrália: canguru.	• Clima tropical (verão chuvoso e inverno seco). • Solo com horizonte B latossólico e com horizonte B podzólico.	Parte da África, Brasil (Cerrado), Venezuela (Lhamos), parte da Índia e parte da Austrália: devastação crescente devido à expansão agropecuária.
Florestas equatorias e tropicais. Floresta densa com plantas latifoliadas perenefólias e higrófilas.	**Chimpanzé.** • Muitos insetos, anfíbios, crocodilos, lagartos, tartarugas e invertebrados. • África: gorila, chimpanzé e leopardo. • Ásia: elefante indiano, rinoceronte asiático, tigre, orangotango e gibão.	• Clima equatorial (quente com chuvas abundantes). • Solos com horizonte B latossólico, com horizonte B podzólico muito lixiviados.	América do Sul (Amazônia e mata Atlântica), porção central da África e sul e sudeste asiáticos: rápido desmatamento e queimadas para exploração de madeira nobre, expansão agropecuária e mineração.

As regiões naturais do Brasil

Devido à sua grande extensão territorial e aos seus vários tipos de clima, solo e relevo, o Brasil é o campeão mundial em biodiversidade. Ou seja, o país apresenta diversos ecossistemas que em conjunto detêm o maior número de espécies de plantas, animais e microrganismos do planeta.

Podemos dividir o Brasil em regiões naturais ou domínios morfoclimáticos e fitogeográficos. Cada um deles apresenta características específicas de clima, vegetação e relevo.

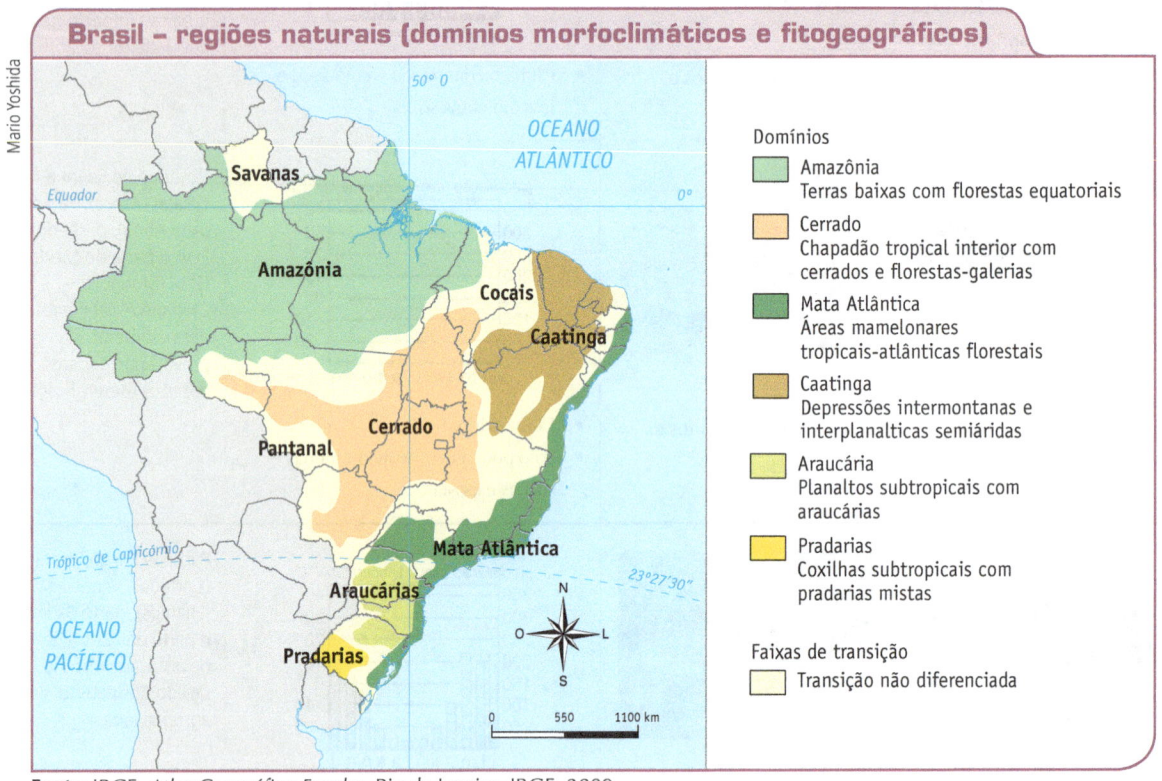

Brasil – regiões naturais (domínios morfoclimáticos e fitogeográficos)

Domínios:
- Amazônia — Terras baixas com florestas equatoriais
- Cerrado — Chapadão tropical interior com cerrados e florestas-galerias
- Mata Atlântica — Áreas mamelonares tropicais-atlânticas florestais
- Caatinga — Depressões intermontanas e interplanálticas semiáridas
- Araucária — Planaltos subtropicais com araucárias
- Pradarias — Coxilhas subtropicais com pradarias mistas

Faixas de transição:
- Transição não diferenciada

Fonte: IBGE. *Atlas Geográfico Escolar*. Rio de Janeiro: IBGE, 2009.

Amazônia: o domínio das terras baixas equatoriais

A Amazônia apresenta relevo com o predomínio de depressões e baixos planaltos. As planícies estão ao longo dos rios, a exemplo da Planície do rio Amazonas. As serras, como aquela onde se encontra o Pico da Neblina, são pontuais.

O clima é equatorial (quente e muito úmido). Os solos da Amazônia são pobres em nutrientes, pois os altos índices de pluviosidade aceleram a lixiviação.

Na região, desenvolve-se a maior floresta quente e úmida (pluvial) do mundo, a floresta Amazônica. A floresta ocupa uma área de três milhões de km², distribuindo-se pela região Norte do país, incluindo o norte do Mato Grosso e oeste do Maranhão.

A Amazônia é o bioma com a maior biodiversidade do planeta, concentrando 20% das espécies de plantas. Em geral, suas plantas são latifoliadas, perenefolias e higrófilas.

Foto da floresta Amazônica.

No extrativismo vegetal, são exemplos de espécies da Amazônia bastante utilizadas: seringueira (borracha natural), castanheira (castanha-do-Pará), o açaí (fruto para a produção de sucos e doces), cacau (polpa dá sucos e chocolate a partir da amêndoa) e a andiroba (cosméticos).

A fauna é riquíssima, caracterizada por muitas espécies de invertebrados, peixes, insetos, anfíbios, répteis (jacarés, lagartos e cobras como a jiboia), mamíferos (macacos, preguiça, anta e onça-pintada).

Aproximadamente 17% da floresta Amazônica foi devastada. Nos últimos anos, o desmatamento na Amazônia está em declínio devido à melhoria do monitoramento feito a partir da análise de imagens de satélite. Também melhorou a fiscalização do governo contra aqueles que desmatam, como os madeireiros e os fazendeiros. O organismo responsável pela fiscalização é o Ibama (Instituto Brasileiro do Meio Ambiente e Recursos Naturais Renováveis).

As principais causas da devastação são: expansão da pecuária bovina, crescimento da agricultura (a exemplo da soja), a exploração da madeira nobre (a exemplo do mogno) e a mineração.

Mata Atlântica: o domínio dos mares de morros tropicais

Nas proximidades da costa leste do Brasil, o relevo é marcado pela Planície Litorânea e pelo Planalto Atlântico repleto de serras e morros. Na zona litorânea, o clima é tropical úmido. Nas regiões serranas, o clima é tropical de altitude com temperaturas mais baixas no inverno.

A mata Atlântica é um ecossistema com extraordinária biodiversidade. É uma floresta com plantas latifoliadas, perenifólias e higrófilas. Também apresenta samambaias, as bromélias e as orquídeas. A fauna é muito variada, com destaque para invertebrados, insetos, anfíbios, répteis e mamíferos. Muitos animais da mata Atlântica estão ameaçados de extinção, a exemplo do mico-leão-de-cara-preta, que sobrevive em poucas matas do interior de São Paulo e do Paraná.

No passado, a floresta distribuía-se de forma contínua do Rio Grande do Norte até o Rio Grande do Sul. No Sudeste, penetrava pelo interior de São Paulo e de Minas Gerais. Desde o período colonial, a região da mata Atlântica foi a que mais concentrou a população e as principais atividades econômicas do país.

No decorrer dos séculos, os diversos ciclos econômicos devastaram a maior parte da floresta:

- a exploração predatória do pau-brasil;
- a cana-de-açúcar, no litoral nordestino (séculos XVI e XVII);
- a mineração, em Minas Gerais (século XVIII);
- a expansão do café (meados do século XIX até o início do século XX);
- urbanização, industrialização e novas áreas agrícolas (séculos XX e XXI).

Lamentavelmente, 93% da floresta foi devastada. Os 7% restantes estão fragmentados e podem ser encontrados nas serras da Serra do Mar (SP, RJ, PR e SC) e da Mantiqueira (MG, RJ e SP), além do sul da Bahia.

Apenas a ação do governo não é suficiente para a conservação do meio ambiente. A participação da sociedade civil é fundamental. ONGs (Organizações Não Governamentais) como a SOS Mata Atlântica desempenham um papel importante na defesa da floresta com a colaboração de cientistas e voluntários.

A conservação do que restou da floresta é fundamental para o abastecimento de água na região Sudeste, uma vez que a maioria dos mananciais (nascentes de rios) se originam na mata Atlântica.

Hoje, a maior parte do desmatamento deve-se à expansão urbana irregular, ao avanço da agricultura, exploração predatória de madeira e retirada de produtos como o palmito.

Araucária: o domínio dos planaltos subtropicais

A mata de Araucária distribuía-se pelas porções mais elevadas dos planaltos com solos férteis da região Sul do país (PR, SC e RS). Lá, a mata está adaptada ao clima subtropical com temperaturas mais baixas no outono e inverno e chuvas bem distribuídas durante o ano.

A araucária é um pinheiro e como outras coníferas, é uma árvore aciculifoliada, possui folhas em forma de agulha. Na atualidade, o principal produto extraído da Araucária é o pinhão, bastante consumido no inverno no Sul e Sudeste do país.

Na mata de Araucária, os pequenos mamíferos desempenham um papel fundamental. As cutias (roedor) e as pacas costumam alimentar-se do pinhão, carregando suas sementes (dispersão zoocórica) até seus abrigos ou enterrando-as no solo. Como costumam esquecer parte das sementes enterradas no solo, novas araucárias acabam brotando. Desse modo, a fauna é fundamental para a disseminação das espécies da mata de Araucária e também da mata Atlântica.

A expansão da agropecuária, a exploração de madeira, somadas à expansão urbana e industrial destruíram 97% da floresta. Os 3% remanescentes distribuem-se em pequenos fragmentos em reservas ecológicas federais e estaduais.

Mata de Araucária.

Pradaria: o domínio das coxilhas subtropicais

Localizada no extremo sul do país, a região das pradarias é também denominada Campanha Gaúcha ou Pampa. O relevo é caracterizado pelos baixos planaltos ondulados (coxilhas) e depressões submetidos ao clima subtropical. A vegetação original é representada pelas pradarias (campos ou estepes).

As pradarias são constituídas por plantas de porte baixo (herbáceas), como gramíneas e ervas, pontuadas por arbustos. Hoje, por volta de 98% dos campos já foram degradados. A maior parte da vegetação natural foi substituída por pastagens destinadas à pecuária bovina e à agricultura.

Dom Pedrito, RS.

Cerrado: o domínio dos planaltos tropicais com chapadas

O Cerrado é um ecossistema que se distribui pela porção central do Brasil, ocupando parte dos estados da região Centro-Oeste (Goiás, Distrito Federal, Mato Grosso e Mato Grosso do Sul) e trechos do Nordeste (Maranhão, Piauí e Bahia) e do Sudeste (Minas Gerais e São Paulo).

O relevo é dominado por planaltos com chapadas e algumas depressões. O principal fator que explica a ocorrência do Cerrado é a predominância de solos pobres em nutrientes e ácidos.

A vegetação está associada ao clima tropical com verão chuvoso e inverno seco. Assim, algumas plantas possuem raízes profundas para alcançar a água subterrânea, especialmente nos meses secos. Diversas árvores e arbustos do Cerrado apresentam troncos e galhos tortuosos e com cascas grossas.

O ecossistema apresenta extraordinária biodiversidade, entre os exemplares da fauna destacam-se a ema, o tamanduá-bandeira e o lobo-guará. O Cerrado está sofrendo rápida devastação devido à expansão da agropecuária (soja, algodão, milho e pecuária bovina). O porcentual devastado já chega a 80% em relação à área original.

Cerrado em Goiás.

Você sabia?

Matas ciliares

As matas ciliares ou de galeria ocorrem ao longo dos rios, aproveitando os solos férteis e úmidos das planícies fluviais. As leis ambientais do Brasil, como o Código Florestal, proíbem o desmatamento destas matas com o objetivo de conservar a biodiversidade e a qualidade da água. Outra função da mata ciliar é diminuir a erosão do solo.

Rio Mojiguaçu – Conchal, SP.

Caatinga: o domínio das depressões semiáridas

A Caatinga é o ecossistema dominante no Sertão do Nordeste. Está associada ao clima semiárido, temperaturas elevadas, chuvas escassas e irregulares. O relevo da região é marcado por amplas depressões pontuadas de planaltos e chapadas.

A vegetação caracteriza-se pelas plantas xerófilas, que sobrevivem em ambiente de pouca chuva e baixa umidade. São exemplos as cactáceas como o mandacaru. Também ocorrem matas com arbustos e árvores decíduas (perda da folhagem no período seco para economizar água). A fauna é rica em répteis e aves.

Caatinga com cactáceas.

Cerca de 45% da Caatinga foi devastada. As principais causas da devastação têm sido a expansão da pecuária extensiva (bovina e caprina), agricultura de subsistência, exploração de madeira para lenha e produção de carvão vegetal.

Você sabia?

Faixas de transição

Entre os principais domínios naturais do Brasil, existem várias faixas de transição. Essas áreas apresentam características próprias, mas também elementos dos domínios vizinhos. Os principais exemplos são o Pantanal e os Cocais.

Pantanal

A Planície e Pantanal mato-grossense (partes dos estados de Mato Grosso e Mato Grosso do Sul), submetida ao clima tropical, apresenta uma vegetação complexa. Lá, podem ser encontradas matas ciliares com plantas da Amazônia e da mata Atlântica, manchas de palmeiras (buritis), cerrados, campos inundados e inúmeras plantas hidrófilas (aquáticas) nos rios e lagoas. A fauna é rica em peixes, aves aquáticas, mamíferos como a onça, o cervo do pantanal e a capivara, além de répteis como jacarés, jiboias e sucuris.

Estima-se que 15% da vegetação do Pantanal já esteja degradado. Os principais problemas são:

- caça e pesca ilegal;
- desmatamento das matas ciliares, aumentando a erosão e o assoreamento dos rios;
- contaminação dos rios pelo uso exagerado de agrotóxicos;
- em áreas de garimpo de ouro, ainda costuma ocorrer a contaminação dos rios pelo mercúrio (tóxico para os animais e seres humanos, podendo causar graves problemas de saúde).

Tuiuiú, ave comum no Pantanal.

Mata de Cocais

A região da Mata de cocais constitui uma transição entre o Sertão semiárido e a Amazônia equatorial. O clima é tropical e o relevo é marcado por baixos planaltos e depressões.

Trata-se de uma vegetação dominada por palmeiras. No Maranhão, destaca-se o babaçu, cujo coco apresenta amêndoas utilizadas na produção de um óleo com valor comercial. No Piauí e nos trechos úmidos do litoral do Ceará, predomina a carnaúba, de cuja folha é retirada uma cera utilizada na fabricação de pomadas e cosméticos. Cerca de 60% das matas de Cocais foram devastadas devido à expansão da agropecuária. No Piauí, também é explorada a amêndoa da palmeira tucum.

Mata de Cocais: mulheres quebrando o coco de babaçu.

Manguezal: o berçário do mar

No litoral brasileiro podemos encontrar dois ecossistemas principais, a Restinga e o Manguezal. A Restinga é a vegetação que ocupa os solos arenosos, as praias e as dunas.

O Manguezal ou Mangue ocorre nas áreas protegidas das ondas e correntes marinhas fortes como os estuários dos rios e os fundos de baías. O Mangue se desenvolve nas áreas de contato entre a água doce (dos rios) e a água salgada (do mar). Os mangues ocorrem entre o Amapá e Santa Catarina, estando associados a climas quentes e úmidos.

O Manguezal é um ecossistema muito importante para o equilíbrio ecológico do litoral. Por vezes é chamado de "berçário do mar", pois constitui área de reprodução, habitat e alimentação para espécies marinhas e costeiras como peixes, moluscos e crustáceos.

Suas plantas contribuem para a fixação dos terrenos litorâneos, reduzindo o impacto da erosão marinha. Quando a maré sobe, o mangue fica parcialmente submerso. Algumas plantas apresentam raízes aéreas para a respiração.

Catadores de caranguejos em manguezal.

Os manguezais são fundamentais para a sobrevivência de diversas comunidades, como os caiçaras, os pescadores tradicionais e os catadores de caranguejo. As leis ambientais proíbem o desmatamento dos manguezais.

Você sabia?

A vida nos oceanos, recifes de coral e ilhas

O litoral, os mares e os oceanos apresentam extraordinária biodiversidade. Entretanto, agravam-se a poluição por meio do despejo dos esgotos domésticos, resíduos industriais e lixo. Também são frequentes os acidentes com derrame de petróleo e seus derivados.

A fauna marinha também está ameaçada pela pesca excessiva (sobrepesca) que está reduzindo as populações de várias espécies de peixes. No Atlântico Norte, a população de peixes grandes já foi reduzida em 66%. Na atualidade, apenas 0,5% dos oceanos estão protegidos.

A poluição e o aumento da temperatura do planeta também ameaçam os recifes de coral. Os recifes ocorrem na zona intertropical (temperatura superior a 20 °C) e são estruturas formadas pela deposição de esqueletos calcários de seres vivos marinhos. São áreas com grande biodiversidade, pois constituem abrigo, fonte de alimentação e local de reprodução para diversas espécies (peixes, moluscos, crustáceos, tartarugas e mamíferos marinhos).

As ilhas constituem áreas com especial biodiversidade, pois apresentam espécies endêmicas, isto é, que não podem ser encontradas em outros lugares. O endemismo aconteceu, pois, estas espécies evoluíram de forma isolada em relação ao continente. Desse modo, algumas ilhas são prioritárias para a conservação ambiental.

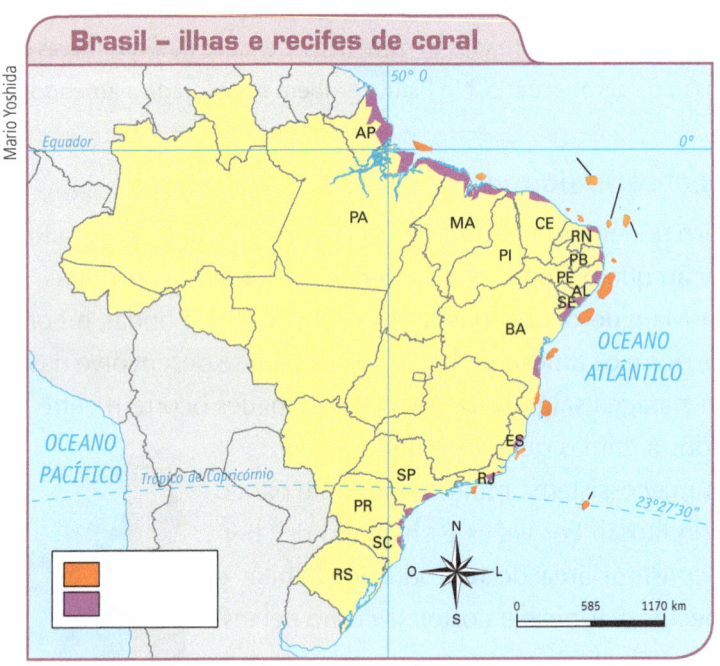

Brasil – ilhas e recifes de coral

Fonte: IBGE. *Atlas Geográfico Escolar*. Rio de Janeiro: IBGE, 2009.

No Brasil, as ilhas oceânicas e a maioria dos recifes de coral estão protegidos, mas sofrem ameaças. As principais ilhas oceânicas brasileiras são:

- Fernando de Noronha: pertence ao estado de Pernambuco. Parte de seu território foi transformado em parque nacional para a proteção da vida insular e marinha, dentre as quais se destacam as populações de golfinhos.
- Atol das Rocas: o Atol é uma ilha em forma de anel recoberta por recifes de coral. Trata-se do único atol do Atlântico Sul, sendo área de reprodução para aves migratórias.
- Arquipélago de Abrolhos: situa-se nas proximidades do litoral sul da Bahia, destacando-se pela presença periódica das baleias jubarte, além de aves aquáticas.
- Trindade e Martim Vaz: localizam-se à altura do litoral do Espírito Santo. Trindade é importante área de reprodução de tartarugas marinhas. No Brasil, o principal programa de pesquisa, monitoramento e conservação de tartarugas marinhas é o Projeto Tamar.

O Projeto Tamar auxilia na conservação das tartarugas marinhas que se reproduzem no litoral brasileiro.

ATIVIDADES

1) Dentre as afirmações a seguir, descubra a falsa e depois reescreva tornando-a verdadeira.

a) A mata Atlântica foi devastada em 93%. ( )

b) A floresta Amazônica ocorre numa região de clima equatorial. ( )

c) O Cerrado apresenta árvores com troncos tortuosos. ( )

d) A Caatinga ocorre numa região com alto índice pluviométrico.( )

e) Os Manguezais estão adaptados à alta salinidade. ( )

_____
_____
_____
_____

2) Qual é a importância da conservação da vegetação? Justifique sua resposta.

_____
_____
_____
_____
_____

3) Sobre a Amazônia, responda:

a) Quais são as características de relevo, clima e vegetação?

_____
_____
_____
_____
_____

b) Cite uma característica da fauna.

_____
_____
_____

c) Mencione uma causa da devastação.

_____
_____
_____

4 Identifique o ecossistema brasileiro destacado na imagem a seguir. Aponte suas características e causas de seu desmatamento.

_____
_____
_____
_____
_____
_____

Vegetação encontrada no sudeste do Brasil.

_____
_____
_____

5 Identifique o tipo de vegetação representado na foto a seguir, sua localização geográfica e as causas de sua devastação.

_____
_____
_____
_____
_____

Floresta localizada no sul do Brasil.

_____
_____
_____
_____

6 A respeito da região do Cerrado, responda:

a) Quais são as características de relevo, clima e vegetação?

_____
_____
_____
_____
_____

b) Cite dois exemplares da fauna.

_____
_____
_____

c) Mencione uma causa da devastação.

_____
_____
_____

7 Sobre as áreas com Manguezal, responda:

a) Quais são as características de relevo, clima e vegetação?

_____
_____
_____
_____
_____

b) Cite um exemplo de fauna.

_____
_____
_____

c) Qual é a sua importância ecológica, social e econômica?

_____
_____
_____
_____
_____

d) Mencione uma causa da devastação.

_____
_____
_____

8 Sobre a região da Pradaria, responda:

a) Quais são as características de relevo, clima e vegetação?

_____
_____
_____
_____
_____
_____
_____

b) Qual é a sua localização?

_____
_____
_____

c) Mencione uma causa da devastação.

_____
_____
_____
_____

9 A respeito do Pantanal, responda:

a) Quais são as características de relevo, clima e vegetação?

b) O que é uma planta hidrófila?

c) Mencione três problemas ambientais.

10 Sobre a região da Caatinga, responda:

a) Quais são as características de relevo, clima e vegetação?

b) O que é uma planta xerófila?

c) Mencione uma causa da devastação.

_____
_____
_____
_____

11 A respeito da região dos Cocais, responda:

a) Quais são as características de relevo, clima e vegetação?

_____
_____
_____
_____
_____
_____
_____
_____

b) Mencione uma causa da devastação.

_____
_____
_____
_____

c) Quais são as espécies importantes para o extrativismo vegetal?

_____
_____
_____
_____
_____
_____
_____
_____

Sociedade e impacto na biosfera

Grande parte da biosfera já foi modificada pelas atividades humanas. Hoje, a distribuição dos seres vivos não é apenas resultado dos fatores naturais. A sociedade interferiu na distribuição e no comportamento para os seres vivos.

Assim, nas últimas décadas o espaço ocupado pelos ecossistemas naturais foi bastante reduzido. Por vezes, para termos contato com lugares que conservam elementos naturais como uma floresta, precisamos fazer longas viagens até reservas ecológicas.

Derrubada de árvores em área de silvicultura.

A devastação dos ecossistemas no mundo e no Brasil está causando a extinção de espécies animais e vegetais. As principais causas da devastaçao são: agricultura, pecuária, exploração de madeira, silvicultura (reflorestamento comercial), mineração, cidades e indústrias.

Outra atividade em crescimento é o tráfico de animais silvestres. Caçadores e contrabandistas capturam animais, como aves e mamíferos, em seu hábitat natural e os vendem.

O aquecimento global também está provocando a redução das populações de alguns animais e plantas. Estima-se que se a temperatura do planeta aumentar, muitos seres vivos correrão o risco de ser extintos.

Alguns cientistas afirmam que a intervenção humana na superfície terrestre está causando uma catástrofe na biosfera. Estima-se que o ritmo da extinção de seres vivos no século XXI já seja similar ao período da extinção dos dinossauros, 65 milhões de anos atrás.

Biodiversidade brasileira e espécies ameaçadas de extinção		
Grupos	Total estimado	Espécies ameaçadas
Plantas superiores	56000	108
Mamíferos	525	67
Aves	1677	110
Répteis	468	9
Anfíbios	517	1
Peixes de água doce	3000	1
Insetos	10000000	29

Fonte: Ibama e Fundação Biodiversitas. Disponível em: <http://www.biodiversitas.org.br/boletim/EAO>. Acesso em: jul. 2012.

Para combater a degradação ambiental, é necessário incentivar o desenvolvimento sustentável, isto é, desenvolver a economia com a conservação do meio ambiente. Quanto ao uso dos recursos da biosfera, são atividades sustentáveis:

- a exploração de madeira com manejo florestal e reflorestamento;
- o extrativismo vegetal, como a coleta de coco de babaçu e o látex da seringueira;
- a conciliação entre a conservação da vegetação natural e a agricultura orgânica (cultivo de ervas medicinais, árvores frutíferas etc);
- o desenvolvimento do ecoturismo e da educação ambiental.

Desmatamento e suas consequências

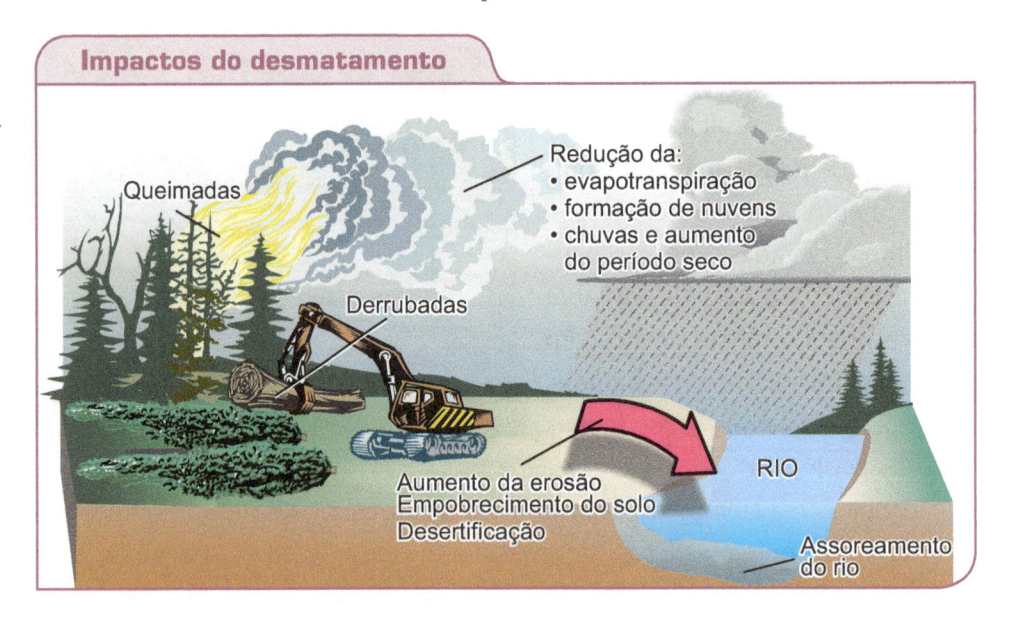

Impactos do desmatamento

- Queimadas
- Derrubadas
- Redução da:
  - evapotranspiração
  - formação de nuvens
  - chuvas e aumento do período seco
- Aumento da erosão / Empobrecimento do solo / Desertificação
- RIO
- Assoreamento do rio

As principais consequencias do desmatamento são:

- diminuição da biodiversidade por meio da redução de populações e extinção de espécies;
- aumento na poluição do ar devido às queimadas, contribuindo também para o aquecimento global;
- a redução da transpiração das plantas diminui a umidade do ar, a formação de nuvens e as chuvas; prolongando os períodos de seca;
- assoreamento no leito dos rios (acúmulo de sedimentos) e alteração nos ecossistemas aquáticos.
- empobrecimento, erosão e desertificação dos solos.

Biodiversidade e economia

No mundo, alguns países podem ser classificados como megadiversos, ou seja, apresentam mais de 70% das espécies do planeta. Esses países são: Brasil, Venezuela, Colômbia, Peru, Equador, México, Estados Unidos, Indonésia, Malásia, Austrália, Índia, China, República Democrática do Congo, África do Sul e Madagascar.

O Brasil é o campeão mundial em biodiversidade. O país lidera em número de espécies de plantas superiores, anfíbios e mamíferos, ocupando o 4º lugar em número de espécies de répteis.

A biodiversidade tornou-se um importante recurso natural para os países e para a indústria. Isso acontece porque é cada vez maior o uso da biotecnologia, isto é, a aplicação dos conhecimentos das ciências biológicas (ecologia, zoologia, botânica e medicina) na produção de medicamentos, cosméticos, alimentos e novas fontes de energia.

Os países ricos e as grandes empresas estão interessados na biodiverdidade encontrada nos países megadiversos. Porém, países desenvolvidos como os Estados Unidos querem explorar os recursos biológicos sem repassar a tecnologia para os países pobres, os donos da matéria-prima.

Em 1992, a ONU (Organização das Nações Unidas) realizou a conferência internacional sobre meio ambiente e desenvolvimento no Rio de Janeiro. Nela foi lançada a CDB (Convenção sobre

Diversidade Biológica). A convenção defende que as empresas e países que utilizarem recursos biológicos deverão beneficiar o país detentor da matéria-prima.

No Brasil, em regiões como a Amazônia e o Cerrado, povos indígenas, extrativistas e sertanejos detêm conhecimento sobre substâncias encontradas em plantas e animais, essas substâncias servem de remédio para várias doenças. Assim, segundo a CDB, caso uma empresa se aproveite do conhecimento dessas comunidades para encontrar essas plantas e animais, deverá beneficiar as comunidades de algum modo. Ou seja, deverá conceder algum benefício financeiro, participação nos lucros ou melhoria das condições sociais da comunidade através de saúde ou educação.

Aldeia indígena do Parque do Xingu (MT).

O que é biopirataria?

Biopirataria é crime. Trata-se do contrabando de espécies da fauna e da flora (bioprospecção) para os países ricos. O material biológico é adquirido por empresas estrangeiras que desenvolvem biotecnologia principalmente no setor de medicamentos. Os seres vivos mais cobiçados são plantas medicinais, répteis, anfíbios e aranhas. Portanto, é necessário intensificar o combate à biopirataria com uma atuação mais efetiva de orgãos como o Ibama e a Polícia Federal.

A vegetação e a fauna das cidades

Em seu bairro você já viu como é a vegetação? É natural ou decorrente de intervenção do homem. Pois bem, nas cidades, notadamente nos terrenos baldios (abandonados), encontra-se uma vegetação que se desenvolve de forma espontânea, inclusive sobre escombros. Ela é chamada de vegetação ruderal, formada por plantas rasteiras como gramíneas, ervas, arbustos e árvores baixas como a mamona.

Nas cidades também encontramos a vegetação plantada pelo homem: bosques e parques, gramados, jardins, ruas arborizadas e canteiros centrais de avenidas. Para a criação desses espaços, conta-se com o trabalho dos jardineiros e paisagistas.

Bosque urbano, Parque do Ibirapuera (SP).

Os bosques urbanos melhoram a qualidade de vida da população, pois além da beleza que conferem à paisagem: atenuam a poluição do ar, reduzem a temperatura e permitem a sobrevivência de animais como aves e pequenos mamíferos.

É recomendável o plantio de árvores que perteçam ao ecossistema que ocupava anteriormente o lugar. Por exemplo, espécies da mata Atlântica em São Paulo, da mata de Araucária em Curitiba e do Cerrado em Goiânia. Deve-se evitar o uso de espécies exóticas (estrangeiras) como pinheiros e eucaliptos.

Vegetação ruderal que se desenvolve em terrenos baldios.

Nos ambientes urbanos, grande parte da fauna original foi banida. A nova fauna urbana acompanha o modo de vida humano. É notória a legião de animais de estimação, como gatos e cães, que levou à proliferação do comércio especializado (pet-shops, lojas de ração e veterinários).

A concentração de grandes quantidades de alimento e lixo propiciou a proliferação de pragas urbanas como ratos, baratas, cupins, pardais e pombas, sendo que alguns desses animais são disseminadores de doenças.

A desertificação

A desertificação é a fase mais avançada de degradação do solo. É resultado do desmatamento indiscriminado, da falta de cuidado com o solo. As áreas desertificadas apresentam problemas graves de erosão, o solo fica impermeável (retém pouca água) e apresentam pouca biodiversidade.

A desertificação acontece em regiões com clima semiárido, como é o caso da região da Caatinga no Nordeste brasileiro. Além dos prejuízos para o meio ambiente, a desertificação inviabiliza o uso do solo para agricultura e pastagens.

Desertificação em Manoel Viana, no Rio Grande do Sul, 2005.

Você sabia?

O que é arenização?

No sudoeste do Rio Grande do Sul, região conhecida como Campanha Gaúcha ou Pampa ocorre um problema ambiental denominado de arenização. A região apresenta solos arenosos e pobres em nutrientes. Após o desmatamento das pradarias e o uso inadequado do solo pela agropecuária, o solo ficou exposto à erosão eólica e pluvial. Assim, com o tempo, ocorreu a formação de dunas de areia, denominadas areais. Além de um problema ambiental, a arenização trouxe prejuízos para os fazendeiros gaúchos que agora se conscientizaram que a conservação da vegetação e do solo é fundamental para futuro da agropecuária.

Arenização em Dilermando de Aguiar (RS), 2009.

ATIVIDADES

1 Escreva sobre a crítica feita pela charge abaixo. Cite duas consequências do problema ambiental destacado.

_____
_____
_____
_____
_____

2 O que é desertificação?

_____
_____
_____

3 O que é arenização? Que região é atingida no Brasil?

_____
_____
_____

4 Qual é a importância da biodiversidade para a economia?

_____
_____
_____
_____

181

5 Por que a biopirataria é um crime?

_____
_____
_____
_____

6 A partir dos dados da tabela a seguir é possível dizer que o Brasil apresenta pouca biodiversidade? Justifique sua resposta.

País	Mamíferos – número de espécies
Brasil	524
Indonésia	515
México	449
República Democrática do Congo	409
China	384

Fonte: Ayres Wermer; Fonseca. O país da megadiversidade. In: Ciência Hoje, n. 81. Rio de Janeiro: SBPC – Sociedade Brasileira para o Progresso da Ciência, 1992.

_____
_____
_____
_____

7 Qual é a importância da vegetação urbana como os bosques de parques e os jardins?

_____
_____
_____
_____

8 Elabore um texto sobre o desmatamento no Brasil a partir da interpretação dos mapas a seguir.

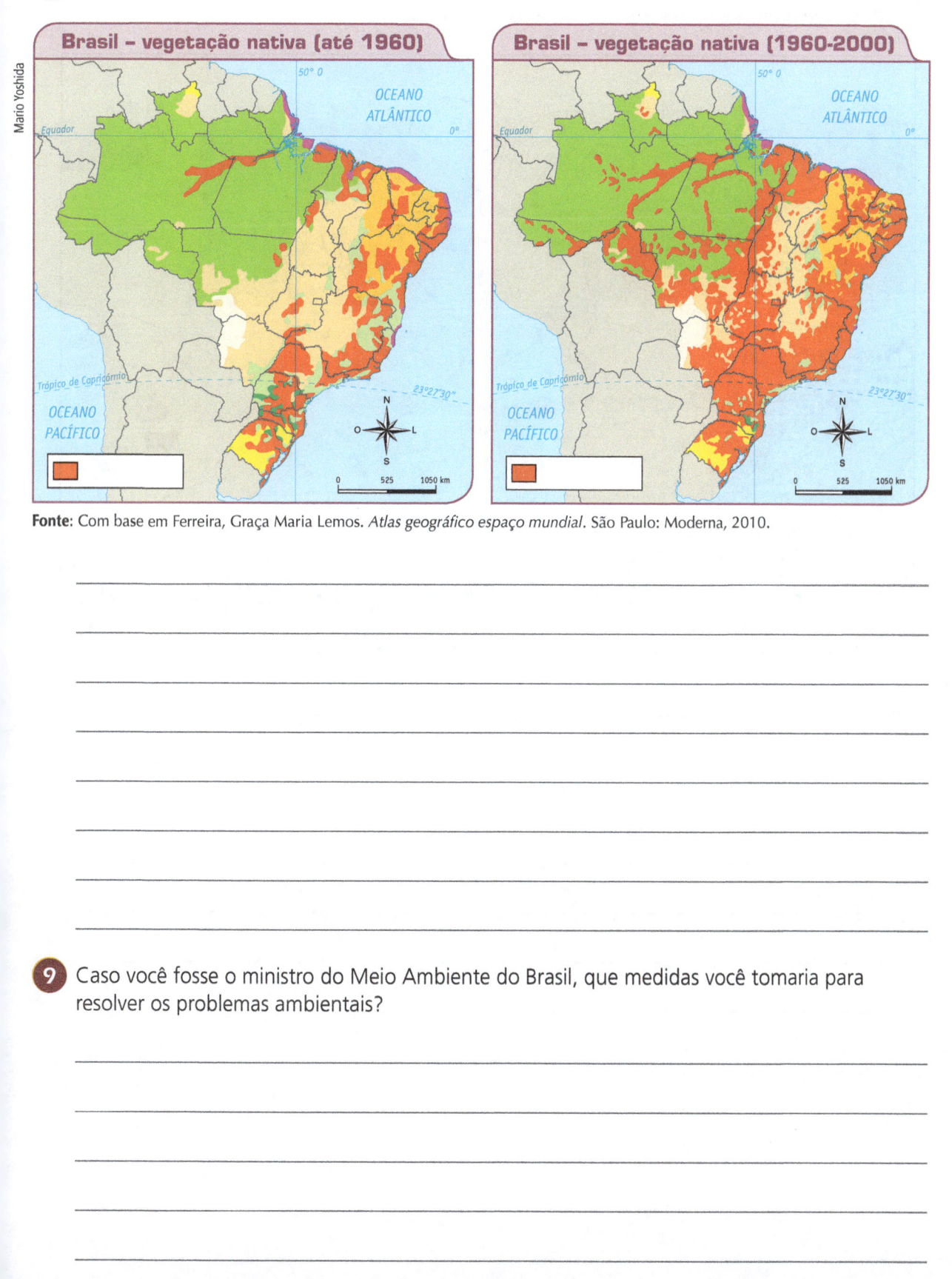

Brasil – vegetação nativa (até 1960)

Brasil – vegetação nativa (1960-2000)

Fonte: Com base em Ferreira, Graça Maria Lemos. *Atlas geográfico espaço mundial*. São Paulo: Moderna, 2010.

_____
_____
_____
_____
_____
_____
_____
_____

9 Caso você fosse o ministro do Meio Ambiente do Brasil, que medidas você tomaria para resolver os problemas ambientais?

_____
_____
_____
_____
_____
_____
_____

10 A partir da interpretação da imagem a seguir, escreva um texto sobre as modificações que a sociedade promove no relevo, no solo e na vegetação.

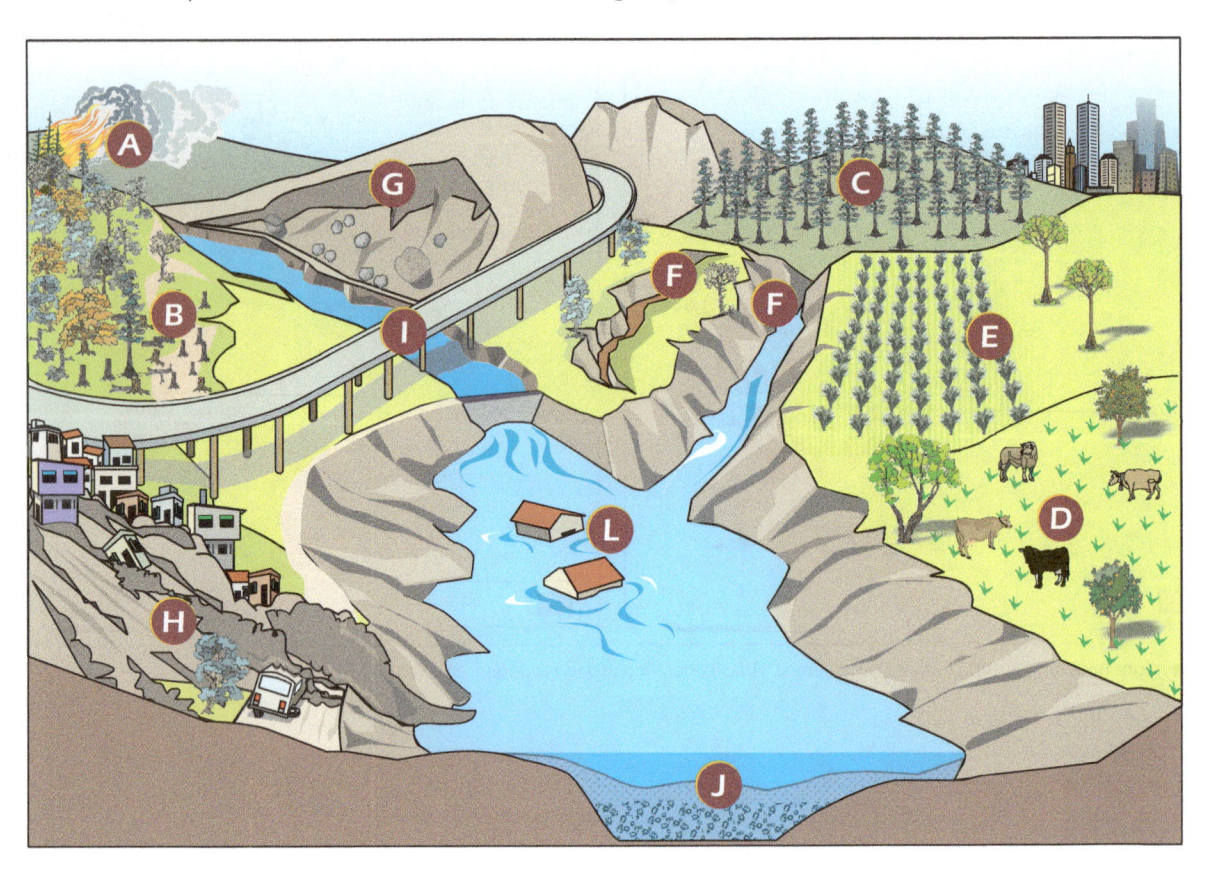

_____
_____
_____
_____
_____
_____
_____
_____
_____
_____
_____
_____
_____